# 学位法
# 一本通

法规应用研究中心 编

中国法制出版社

图书在版编目（CIP）数据

学位法一本通／法规应用研究中心编 . —北京：中国法制出版社，2024.5
（法律一本通；46）
ISBN 978-7-5216-4493-7

Ⅰ.①学… Ⅱ.①法… Ⅲ.①学位法-基本知识-中国 Ⅳ.①D922.16

中国国家版本馆 CIP 数据核字（2024）第 088040 号

责任编辑：谢 雯　　　　　　　　　　　　　封面设计　杨泽江

## 学位法一本通
XUEWEIFA YIBENTONG

编者/法规应用研究中心
经销/新华书店
印刷/三河市紫恒印装有限公司
开本/880 毫米×1230 毫米　32 开　　　印张/ 8.5　字数/ 201 千
版次/2024 年 5 月第 1 版　　　　　　　2024 年 5 月第 1 次印刷

中国法制出版社出版
书号 ISBN 978-7-5216-4493-7　　　　　　　　　　　定价：35.00 元

北京市西城区西便门西里甲 16 号西便门办公区
邮政编码：100053　　　　　　　　　　　传真：010-63141600
网址：http://www.zgfzs.com　　　　　　编辑部电话：010-63141792
市场营销部电话：010-63141612　　　　　印务部电话：010-63141606

（如有印装质量问题，请与本社印务部联系。）

# 编辑说明

"法律一本通"系列丛书自2005年出版以来,以其科学的体系、实用的内容,深受广大读者的喜爱。2007年、2011年、2014年、2016年、2018年、2019年、2021年我们对其进行了改版,丰富了其内容,增强了其实用性,博得了广大读者的赞誉。

我们秉承"以法释法"的宗旨,在保持原有的体例之上,今年再次对"法律一本通"系列丛书进行改版,以达到"应办案所需,适学习所用"的目标。新版丛书具有以下特点:

1. 丛书以主体法的条文为序,逐条穿插关联的现行有效的法律、行政法规、部门规章、司法解释、请示答复和部分地方规范性文件,以方便读者理解和适用。

2. 丛书紧扣实践和学习两个主题,在目录上标注了重点法条,并在某些重点法条的相关规定之前,对收录的相关文件进行分类,再按分类归纳核心要点,以便读者最便捷地查找使用。

3. 丛书紧扣法律条文,在主法条的相关规定之后附上案例指引,收录最高人民法院、最高人民检察院指导性案例、公报案例以及相关机构公布的典型案例的裁判摘要、案例要旨或案情摘要等。通过相关案例,可以进一步领会和把握法律条文的适用,从而作为解决实际问题的参考。并对案例指引制作索引目录,方便读者查找。

4. 丛书以脚注的形式,对各类法律文件之间或者同一法律文件不同条文之间的适用关系、重点法条疑难之处进行说明,以便读者系统地理解我国现行各个法律部门的规则体系,从而更好地为教学科研和司法实践服务。

5. 丛书结合二维码技术的应用为广大读者提供增值服务,扫描前勒口二维码,即可免费部分使用中国法制出版社推出的【法融】数据库。【法融】数据库中"国家法律法规"栏目便于读者查阅法律文件准确全文及效力,"最高法指导案例"和"最高检指导案例"两个栏目提供最高人民法院和最高人民检察院指导性案例的全文,为读者提供更多增值服务。

# 目 录

## 中华人民共和国学位法

### 第一章 总 则

第 一 条【立法目的】………………………………… 1
★ 第 二 条【学位制度】………………………………… 3
★ 第 三 条【基本原则】………………………………… 5
第 四 条【学位申请】………………………………… 8
第 五 条【学位授予单位】…………………………… 18

### 第二章 学位工作体制

第 六 条【国务院学位委员会】……………………… 23
第 七 条【国务院教育行政部门】…………………… 26
第 八 条【省级学位委员会】………………………… 27
★ 第 九 条【学位评定委员会职责】…………………… 41
★ 第 十 条【学位评定委员会组成及决议】…………… 42
第十一条【学位评定委员会事项公布】……………… 43

### 第三章 学位授予资格

第十二条【申请学位授予资格条件】………………… 43
第十三条【申请学位授予资格主体】………………… 44
★ 第十四条【审批主体】………………………………… 46
★ 第十五条【审批程序】………………………………… 47

1

第十六条【自主审核】…………………… 51

　　第十七条【优化设置】…………………… 54

### 第四章　学位授予条件

　　第十八条【学位申请人要求】…………… 58

★　第十九条【学士学位】…………………… 59

★　第二十条【硕士学位】…………………… 69

★　第二十一条【博士学位】………………… 80

　　第二十二条【具体标准】…………………… 89

### 第五章　学位授予程序

★　第二十三条【申请程序】………………… 99

★　第二十四条【学士学位授予程序】……… 102

　　第二十五条【专家评阅】………………… 106

　　第二十六条【论文答辩】………………… 106

　　第二十七条【重新答辩】………………… 114

★　第二十八条【硕士、博士学位授予】…… 115

★　第二十九条【证书颁发】………………… 122

　　第三十条【论文保存及保密管理】……… 123

### 第六章　学位质量保障

　　第三十一条【学位质量保障制度】……… 128

　　第三十二条【指导教师】………………… 133

　　第三十三条【博士研究生管理】………… 137

★　第三十四条【质量合格评估】…………… 139

★　第三十五条【申请撤销学位授予点】…… 143

　　第三十六条【学位信息管理系统】……… 149

★　第三十七条【学术不端处理】…………… 152

第三十八条【证书无效】·················· 165
第三十九条【知情权、陈述权与申辩权】·········· 166
第 四 十 条【学术复核】·················· 166
第四十一条【争议解决】·················· 166

## 第七章 附　则

第四十二条【军队学位工作】················ 169
第四十三条【名誉博士】·················· 169
第四十四条【涉外规定】·················· 175
第四十五条【生效时间】·················· 180

## 附录一

中华人民共和国教育法 ·················· 181
　　（2021年4月29日）
中华人民共和国高等教育法················ 195
　　（2018年12月29日）
中华人民共和国民办教育促进法 ············· 207
　　（2018年12月29日）
中华人民共和国职业教育法················ 218
　　（2022年4月20日）
高等学校章程制定暂行办法················ 234
　　（2011年11月28日）
学位证书和学位授予信息管理办法 ············ 240
　　（2015年6月26日）
研究生导师指导行为准则················· 243
　　（2020年10月30日）
学位授权点合格评估办法················· 245
　　（2020年11月11日）

学士学位授权与授予管理办法……………………………… 252
　　（2019年7月9日）
博士硕士学位论文抽检办法………………………………… 256
　　（2014年1月29日）

### 附录二

本书所涉文件目录………………………………………… 258

## 案例索引目录

- 何某某诉某大学拒绝授予学位案 ………………………… 102
- 高某诉上海某大学不授予学位案 ………………………… 105
- 田某诉某大学拒绝颁发毕业证、学位证案 ……………… 123
- 某学院教师刘某某私自收取并侵占学生费用问题 ……… 136
- 某大学教师华某某性骚扰学生问题 ……………………… 137
- 某大学教师姜某某学术不端问题 ………………………… 165
- 甘某不服某大学开除学籍决定案 ………………………… 168

# 中华人民共和国学位法

（2024年4月26日第十四届全国人民代表大会常务委员会第九次会议通过 2024年4月26日中华人民共和国主席令第22号公布 自2025年1月1日起施行）

## 目 录

第一章 总　　则
第二章 学位工作体制
第三章 学位授予资格
第四章 学位授予条件
第五章 学位授予程序
第六章 学位质量保障
第七章 附　　则

## 第一章 总　　则

**第一条** 立法目的[①]

为了规范学位授予工作，保护学位申请人的合法权益，保障学位质量，培养担当民族复兴大任的时代新人，建设教育强国、科技强国、人才强国，服务全面建设社会主义现代化国家，根据宪法，制定本法。

---

① 条文主旨为编者所加，仅供读者参考，下同。

● 法　律

1. 《教育法》（2021年4月29日）

第23条　国家实行学位制度。

学位授予单位依法对达到一定学术水平或者专业技术水平的人员授予相应的学位，颁发学位证书。

2. 《高等教育法》（2018年12月29日）

第22条　国家实行学位制度。学位分为学士、硕士和博士。

公民通过接受高等教育或者自学，其学业水平达到国家规定的学位标准，可以向学位授予单位申请授予相应的学位。

● 行政法规及文件

3. 《国务院关于加快发展现代职业教育的决定》（2014年5月2日）

（5）创新发展高等职业教育。专科高等职业院校要密切产学研合作，培养服务区域发展的技术技能人才，重点服务企业特别是中小微企业的技术研发和产品升级，加强社区教育和终身学习服务。探索发展本科层次职业教育。建立以职业需求为导向、以实践能力培养为重点、以产学结合为途径的专业学位研究生培养模式。研究建立符合职业教育特点的学位制度。原则上中等职业学校不升格为或并入高等职业院校，专科高等职业院校不升格为或并入本科高等学校，形成定位清晰、科学合理的职业教育层次结构。

● 部门规章及文件

4. 《博士硕士学位授权审核办法》（2024年1月10日）

第3条　学位授权审核要以习近平新时代中国特色社会主义思想为指导，全面贯彻党的教育方针，坚持为党育人、为国育才，围绕国家发展战略和经济社会重大需求，以立德树人、服务需求、提高质量、追求卓越为工作主线，以构建完善责权分明、统筹规划、分层实施、公正规范的制度体系为保证，深入推进研究生教育学科专业调整优化，全面提高人才自主培养能力和培养质量，着力造就拔尖创新人才，为全面建设社会主义现代化强国提供更加有力的基础性、战略性支撑。

### 第二条 学位制度

国家实行学位制度。学位分为学士、硕士、博士，包括学术学位、专业学位等类型，按照学科门类、专业学位类别等授予。

● 法　律

1．《教育法》（2021年4月29日）

第23条　国家实行学位制度。

学位授予单位依法对达到一定学术水平或者专业技术水平的人员授予相应的学位，颁发学位证书。

2．《高等教育法》（2018年12月29日）

第16条　高等学历教育分为专科教育、本科教育和研究生教育。

高等学历教育应当符合下列学业标准：

（一）专科教育应当使学生掌握本专业必备的基础理论、专门知识，具有从事本专业实际工作的基本技能和初步能力；

（二）本科教育应当使学生比较系统地掌握本学科、专业必需的基础理论、基本知识，掌握本专业必要的基本技能、方法和相关知识，具有从事本专业实际工作和研究工作的初步能力；

（三）硕士研究生教育应当使学生掌握本学科坚实的基础理论、系统的专业知识，掌握相应的技能、方法和相关知识，具有从事本专业实际工作和科学研究工作的能力。博士研究生教育应当使学生掌握本学科坚实宽广的基础理论、系统深入的专业知识、相应的技能和方法，具有独立从事本学科创造性科学研究工作和实际工作的能力。

第 17 条　专科教育的基本修业年限为二至三年，本科教育的基本修业年限为四至五年，硕士研究生教育的基本修业年限为二至三年，博士研究生教育的基本修业年限为三至四年。非全日制高等学历教育的修业年限应当适当延长。高等学校根据实际需要，可以对本学校的修业年限作出调整。

第 18 条　高等教育由高等学校和其他高等教育机构实施。

大学、独立设置的学院主要实施本科及本科以上教育。高等专科学校实施专科教育。经国务院教育行政部门批准，科学研究机构可以承担研究生教育的任务。

其他高等教育机构实施非学历高等教育。

第 19 条　高级中等教育毕业或者具有同等学力的，经考试合格，由实施相应学历教育的高等学校录取，取得专科生或者本科生入学资格。

本科毕业或者具有同等学力的，经考试合格，由实施相应学历教育的高等学校或者经批准承担研究生教育任务的科学研究机构录取，取得硕士研究生入学资格。

硕士研究生毕业或者具有同等学力的，经考试合格，由实施相应学历教育的高等学校或者经批准承担研究生教育任务的科学研究机构录取，取得博士研究生入学资格。

允许特定学科和专业的本科毕业生直接取得博士研究生入学资格，具体办法由国务院教育行政部门规定。

第 20 条　接受高等学历教育的学生，由所在高等学校或者经批准承担研究生教育任务的科学研究机构根据其修业年限、学业成绩等，按照国家有关规定，发给相应的学历证书或者其他学业证书。

接受非学历高等教育的学生，由所在高等学校或者其他高等教育机构发给相应的结业证书。结业证书应当载明修业年限和学业内容。

第21条 国家实行高等教育自学考试制度，经考试合格的，发给相应的学历证书或者其他学业证书。

第22条 国家实行学位制度。学位分为学士、硕士和博士。

公民通过接受高等教育或者自学，其学业水平达到国家规定的学位标准，可以向学位授予单位申请授予相应的学位。

### 第三条 基本原则

学位工作坚持中国共产党的领导，全面贯彻国家的教育方针，践行社会主义核心价值观，落实立德树人根本任务，遵循教育规律，坚持公平、公正、公开，坚持学术自由与学术规范相统一，促进创新发展，提高人才自主培养质量。

● 部门规章及文件

1.《学位证书和学位授予信息管理办法》（2015年6月26日）

第8条 学位授予信息主要包括：学位获得者个人基本信息、学业信息、研究生学位论文信息等。信息报送内容由国务院学位委员会办公室制定。

第9条 学位授予单位根据国务院学位委员会办公室制定的学位授予信息数据结构和有关要求，结合本单位实际情况，确定信息收集范围，采集学位授予信息并报送省级学位主管部门。

第10条 省级学位主管部门汇总、审核、统计、发布本地区学位授予单位的学位授予信息并报送国务院学位委员会办公室。

第11条 国务院学位委员会办公室汇总各省（自治区、直辖市）和军队系统的学位授予信息，开展学位授予信息的统计、发布。

第 12 条 学位授予单位在做出撤销学位的决定后，应及时将有关信息报送省级学位主管部门和国务院学位委员会办公室。

第 13 条 确需更改的学位授予信息，由学位授予单位提出申请，经省级学位主管部门审核确认后，由省级学位主管部门报送国务院学位委员会办公室进行更改。

## 2.《国务院学位委员会办公室关于做好本科层次职业学校学士学位授权与授予工作的意见》（2021 年 11 月 18 日）

各省、自治区、直辖市学位委员会，新疆生产建设兵团学位委员会，军队学位委员会：

经国务院学位委员会审议通过，为贯彻全国职业教育大会精神和《国家职业教育改革实施方案》要求，指导省级学位委员会、本科层次职业学校做好本科层次职业教育学士学位授权与授予工作，突出职业教育特色，确保本科层次职业教育授予学士学位质量，促进本科层次职业教育高质量稳步发展，提出如下意见：

一、本科层次职业教育学士学位授权、授予、管理和质量监督按照《中华人民共和国学位条例》《中华人民共和国学位条例暂行实施办法》《学士学位授权与授予管理办法》执行。

二、申报本科层次职业教育学士学位授权的学校须为教育部批准的本科层次职业学校。具有本科层次职业教育学士学位授予权的学校可开展本科层次职业教育学士学位授予工作。

三、省级学位委员会负责本区域（系）的本科层次职业教育学士学位授权审批工作，应及时修订学士学位授权审核办法，突出本科层次职业教育育人特色，明确本科层次职业教育学士学位授权相关要求。

四、省级学位委员会应制定本科层次职业教育学士学位授权单位、授权专业申请基本条件，条件应遵循职业教育办学规律，涵盖办学定位、师资队伍、人才培养、办学条件、管理制度等内容。申请基本条件不得低于教育部颁布的本科层次职业学校设置标准和本科层次职业教育专业设置标准。

五、本科层次职业教育学士学位按学科门类授予。教育部在颁布本科层次职业教育专业目录时，应明确专业归属的学科门类。本科层次职业教育专业目录的专业名称、代码、归属的学科门类发生变动时，省级学位委员会应对授权进行相应调整。

六、本科层次职业教育学士学位授予单位应制定本单位的学位授予程序。主要程序是：审查是否符合学士学位授予标准，符合标准的列入学士学位授予名单，学校学位评定委员会作出是否批准的决议。学校学位评定委员会表决通过的决议和学士学位授予名单应在校内公开，并报省级学位委员会备查。

七、本科层次职业教育学士学位授予单位应制定本单位的学士学位授予标准。学位授予标准应落实立德树人根本任务，坚持正确育人导向，强化思想政治要求，突出职业能力和职业素养水平，符合《中华人民共和国学位条例》及其暂行实施办法的规定。

八、本科层次职业教育暂不开展第二学士学位、辅修学士学位、双学士学位复合型人才培养项目、联合学士学位、高等学历继续教育学士学位的授予工作。

九、本科层次职业教育学士学位证书和学位授予信息按照《学位证书和学位授予信息管理办法》《学位授予信息管理工作规程》执行。

十、本科层次职业教育学士学位授予单位应建立学士学位管理和质量保障的相关规章制度，依法依规开展学士学位授予工作，确保本科层次职业教育学士学位授予质量。省级学位委员会应加强对本区域（系）本科层次职业教育学士学位授予单位的统筹指导和质量监督，不断提升其开展学士学位授予工作的能力和水平。

3.《学士学位授权与授予管理办法》(2019年7月9日)

第2条　学士学位授权与授予工作应以习近平新时代中国特色社会主义思想为指导，贯彻落实党的十九大精神和全国教育大会精神，全面落实党的教育方针和立德树人根本任务，牢牢抓住提高人才培养质量这个核心点，培养德智体美劳全面发展的社会主义建设者和接班人。

第3条　学士学位授权与授予工作应坚持完善制度、依法管理、保证质量、激发活力的原则。

### 第四条　学位申请

拥护中国共产党的领导、拥护社会主义制度的中国公民，在高等学校、科学研究机构学习或者通过国家规定的其他方式接受教育，达到相应学业要求、学术水平或者专业水平的，可以依照本法规定申请相应学位。

● 法　律

1.《职业教育法》(2022年4月20日)

第51条　接受职业学校教育，达到相应学业要求，经学校考核合格的，取得相应的学业证书；接受职业培训，经职业培训机构或者职业学校考核合格的，取得相应的培训证书；经符合国家规定的专门机构考核合格的，取得相应的职业资格证书或者职业技能等级证书。

学业证书、培训证书、职业资格证书和职业技能等级证书，按照国家有关规定，作为受教育者从业的凭证。

接受职业培训取得的职业技能等级证书、培训证书等学习成果，经职业学校认定，可以转化为相应的学历教育学分；达到相应职业学校学业要求的，可以取得相应的学业证书。

接受高等职业学校教育，学业水平达到国家规定的学位标准的，可以依法申请相应学位。

● 部门规章及文件

2. 《博士硕士学位授权审核办法》（2024年1月10日）

第一章 总 则

**第1条** 为做好博士硕士学位授权审核工作，保证学位授予和研究生培养质量，根据《中华人民共和国学位条例》及其暂行实施办法、《中华人民共和国行政许可法》，制定本办法。

**第2条** 博士硕士学位授权审核（以下简称学位授权审核）是指国务院学位委员会依据法定职权批准可授予学位的高等学校和科学研究机构及其可以授予学位的学科（含专业学位类别）的审批行为。

学位授权审核包括新增学位授权审核、学位授权点动态调整两种方式。学位授权点需定期接受核验。

**第3条** 学位授权审核要以习近平新时代中国特色社会主义思想为指导，全面贯彻党的教育方针，坚持为党育人、为国育才，围绕国家发展战略和经济社会重大需求，以立德树人、服务需求、提高质量、追求卓越为工作主线，以构建完善责权分明、统筹规划、分层实施、公正规范的制度体系为保证，深入推进研究生教育学科专业调整优化，全面提高人才自主培养能力和培养质量，着力造就拔尖创新人才，为全面建设社会主义现代化强国提供更加有力的基础性、战略性支撑。

**第4条** 新增学位授权审核分为新增博士硕士学位授予单位（以下简称新增学位授予单位）审核、学位授予单位新增博士硕士一级学科与专业学位类别学位授权点（以下简称新增学位点）审核、自主审核单位新增学位点审核。其中，自主审核单位新增学位点审核是指经国务院学位委员会审定，具备资格的学位授予单位（即自主审核单位）可以自主按需开展新增学位点的评审，评审通过的学位点报国务院学位委员会核准。

第 5 条　学位授权点动态调整是指学位授予单位根据需求，自主撤销已有博士硕士学位授权点，新增不超过撤销数量的其他博士硕士学位授权点的调整行为。具体实施办法按国务院学位委员会有关规定执行。

第 6 条　学位授权点核验是对学位授权点授权资格的周期性审查，重点对学位授权点的条件和人才培养状况进行常态化检测与核验。具体实施办法按国务院学位委员会有关规定执行。

第 7 条　申请新增学位授予单位、新增学位点和自主审核单位应达到相应的申请基本条件。申请基本条件由国务院学位委员会制定，每 6 年修订一次。

对服务国家重大需求、落实中央决策部署、保证国家安全具有特殊意义或属于填补全国学科领域空白的新增单位和新增学位点，可适度放宽申请基本条件。

## 第二章　组织实施

第 8 条　新增学位授权审核由国务院学位委员会统一部署，原则上每 3 年开展一次。每次审核都应依据本办法制定相应工作方案，细化明确该次审核的范围、程序、要求等。

第 9 条　各省（区、市）学位委员会和新疆生产建设兵团学位委员会（以下简称省级学位委员会）负责接收本区域内的新增学位授予单位申请和新增学位点申请，并根据国家、区域经济社会发展对高层次人才的需求，在专家评议基础上，向国务院学位委员会择优推荐新增学位授予单位、新增学位点和自主审核单位。

国务院学位委员会办公室组织专家对新增学位授予单位、新增学位点和自主审核单位进行核查或评议，并报国务院学位委员会批准。

第10条 国务院学位委员会在收到省级学位委员会的推荐意见后，应于3个月内完成审批，不包含专家评议时间。

第11条 新增学位点审核按照《研究生教育学科专业目录》规定的一级学科和专业学位类别进行。

### 第三章 新增博士硕士学位授予单位审核

第12条 新增学位授予单位审核原则上只在普通高等学校范围内进行。根据事业发展需要，可在进行事业单位登记的科学研究机构中试点开展新增学位授予单位审核。从严控制新增学位授予单位数量。新增硕士学位授予单位以培养应用型人才为主。

第13条 省级学位委员会根据国家和区域经济社会发展对高层次人才的需求，确定本地区普通高等学校的博士、硕士和学士三级学位授予单位比例，制定本地区新增学位授予单位规划，确定立项建设单位，按照立项、建设、评估、验收的程序分批安排建设。建设期一般不少于3年。立项建设单位建设期满并通过验收后，可申请新增相应层次的学位授予单位。

第14条 新增学位授予单位需同时通过单位整体条件及一定数量相应级别学位点的审核，方可获批为学位授予单位。新增学位授予单位同时申请的新增学位点审核按本办法第十九条规定的程序进行。

第15条 新增学位授予单位审核的基本程序是：

（一）符合新增学位授予单位申请基本条件的单位向本地区省级学位委员会提出申请，报送材料。

（二）省级学位委员会对申请学校的资格和材料进行核查，将申请材料向社会进行不少于5个工作日的公示，并按有关规定对异议进行处理。

（三）省级学位委员会组织专家对符合申请条件的学校进行评议，并在此基础上召开省级学位委员会会议，研究提出拟新增学位授予单位的推荐名单，在经不少于5个工作日公示后，报国务院学位委员会。

（四）国务院学位委员会办公室组织专家对省级学位委员会推荐的拟新增学位授予单位进行评议，专家应在博士学位授权高校领导、国务院学位委员会学科评议组（以下简称学科评议组）召集人及秘书长、全国专业学位研究生教育指导委员会（以下简称专业学位教指委）主任委员与副主任委员及秘书长范围内选聘。获得2/3（含）以上专家同意的确定为拟新增学位授予单位。

经省级学位委员会推荐的符合硕士学位授予单位申请基本条件的单位，经核查且无重大异议，可不进行评议并直接确定为拟新增硕士学位授予单位。

（五）国务院学位委员会办公室将拟新增学位授予单位名单向社会进行为期10个工作日的公示，并按有关规定对异议进行处理。

（六）国务院学位委员会审议批准新增学位授予单位。

第四章　新增博士硕士学位授权点审核

第16条　学位授予单位要根据经济社会发展对人才培养的需求，不断优化博士硕士学位点结构。新增学位点原则上应为与经济社会发展密切相关、社会需求较大、培养应用型人才的学科或专业学位类别，同时重视发展具有重要文化价值和传承意义的"绝学"、冷门学科。其中新增硕士学位点以专业学位类别为主。

第17条　国务院学位委员会根据国家需求、研究生就业情况、研究生培养规模、教育资源配置等要素提出新增学位点调控意见。各省级学位委员会根据国务院学位委员会部署，结合本地区实际，制定本地区学位点申报指南。

第18条　博士学位授予单位可申请新增博士硕士学位点，硕士学位授予单位可申请新增硕士学位点。学位授予单位已转制为企业的，原则上不得申请新增学位点。

国务院学位委员会予以撤销的学位点（不包括学位点对应调

整的），自撤销之日起 5 年内不得再申请新增为学位点。

第 19 条　新增博士硕士学位点的基本程序是：

（一）学位授予单位按照申报指南和学位点申请基本条件，确定申报的一级学科和专业学位类别，向本地区省级学位委员会提出申请，报送材料，并说明已有学位点的师资队伍与资源配置情况。

（二）省级学位委员会对学位授予单位的申请资格和申请材料进行核查，将申请材料向社会进行不少于 5 个工作日的公示，并按有关规定对异议进行处理。

（三）省级学位委员会根据学位点的类型，组织专家对符合申请基本条件的博士硕士学位点进行评议，专家组人员中应包括相应学科评议组成员或专业学位教指委委员。

（四）省级学位委员会在专家组评议基础上召开省级学位委员会会议，提出拟新增学位点的推荐名单，在经不少于 5 个工作日公示后，报国务院学位委员会。

（五）国务院学位委员会办公室组织专家对省级学位委员会推荐的拟新增博士学位点进行复审，复审分为网络评审和会议评审两个环节。网络评审由国务院学位委员会办公室组织同行专家开展。会议评审由国务院学位委员会办公室委托学科评议组或专业学位教指委开展，获得 2/3（含）以上专家同意的确定为拟新增学位点。

经省级学位委员会推荐的符合条件的硕士学位点，经核查且无重大异议，可不进行复审并直接确定为拟新增硕士学位点。

（六）国务院学位委员会办公室将拟新增学位点名单向社会进行为期 10 个工作日的公示，并按有关规定对异议进行处理。

（七）国务院学位委员会审议批准新增学位点。

第五章　自主审核单位新增学位点审核

第 20 条　国务院学位委员会根据研究生教育发展，有序推进学位授予单位自主审核博士硕士学位点改革，鼓励学位授予单位内涵发展、形成特色优势、主动服务需求、开展高水平研究生教育。自主审核单位原则上应是我国研究生培养和科学研究的重要基地，学科整体水平高，具有较强的综合办学实力，在国内外享有较高的学术声誉和社会声誉。

第 21 条 符合申请基本条件的学位授予单位可向省级学位委员会申请自主审核单位资格。省级学位委员会对申请材料进行核查后，将符合申请基本条件的学位授予单位报国务院学位委员会。国务院学位委员会办公室组织专家评议后，经国务院学位委员会全体会议同意，确定自主审核单位资格。

第 22 条 自主审核单位应制定本单位学位授权审核实施办法、学科建设与发展规划和新增博士硕士学位点审核标准，报国务院学位委员会办公室备案，并向社会公开。自主审核单位新增博士硕士学位点审核标准应高于国家相应学科或专业学位类别的申请基本条件。

第 23 条 自主审核单位须严格按照本单位自主审核实施办法和审核标准开展审核工作。对拟新增的学位点，应组织不少于 7 人的国内外同行专家进行论证。所有拟新增的学位点均须提交校学位评定委员会审议表决，获得全体委员 2/3（含）以上同意的视为通过。

自主审核单位可每年开展新增学位点审核，并于当年 10 月 31 日前，将本单位拟新增学位点经省级学位委员会报国务院学位委员会核准。

自主审核单位可每年申请撤销学位点，具体程序参照本条第一、二款执行，并可简化专家论证程序。

第 24 条 自主审核单位根据科学技术发展前沿趋势和经济社会发展需求，除按《研究生教育学科专业目录》自主设置学位点外，也可探索设置《研究生教育学科专业目录》之外的一级学科、交叉学科学位点或专业学位硕士点。此类学位点经国务院学位委员会批准后纳入国家教育统计。

第25条　自主审核单位应加强对新增学位点的质量管理。国务院学位委员会每6年对自主审核单位开展一次工作评估，对已不再符合申请基本条件的，取消其自主审核单位资格。

第26条　自主审核单位发生严重研究生培养质量或管理问题，或在学位授权点核验中出现学位点被评为"不合格"的，国务院学位委员会将取消其自主审核单位资格。

## 第六章　质量监管

第27条　学位授予单位存在下列情况之一的，国务院学位委员会可暂停其新增学位点。

（一）生师比高于国家规定标准；

（二）学校教育经费总收入的生均数低于本地区普通本科高校平均水平；

（三）研究生奖助体系不健全，奖助经费落实不到位；

（四）研究生教育管理混乱，发生了严重的教育教学管理事件；

（五）在学位授权点核验、学位论文抽检等质量监督工作中，存在较大问题；

（六）学术规范教育缺失，科研诚信建设机制不到位，发生影响恶劣或者较大范围的学术不端行为，或者对学术不端行为查处不力。

第28条　本省（区、市）研究生教育存在下列情况之一的，国务院学位委员会可限制其所属单位新增学位授权。

（一）研究生生均财政拨款较低；

（二）研究生奖助经费未能按照国家有关要求落实。

第29条　学位授予单位应慎重提出新增学位授权申请。未能获批的新增学位授予单位、新增学位点申请，不得在下一次学位授权审核工作中重复提出。

第30条　学位授予单位应实事求是地填写申报材料，严格遵守评审纪律。对材料弄虚作假、违反工作纪律的学位授予单位，取消其当年申请资格，并予以通报批评。

第31条　省级学位委员会应加强本地区学位与研究生教育统筹，科学规划学位授予单位和学位点建设，不断优化布局，根据本区域经济社会发展对高层次人才的需求，加强指导，督导学位授予单位自律，引导学位授予单位特色发展、提高质量、服务需求。严格按照学位授予单位和学位点申请基本条件进行审核，保证质量。

第32条　国务院学位委员会办公室组织对各省（区、市）学位授权审核工作进行督查，对违反本办法规定与程序、不按申请基本条件开展学位授权审核、不能保证工作质量的省级学位委员会，将进行约谈、通报批评，情节严重的将暂停该地区学位授权审核工作。

## 第七章　附　则

第33条　中国人民解放军各学位授予单位的学位授权审核，由军队学位委员会依据本办法参照省级学位委员会职责组织进行。

各学位授予单位新增军事学门类学位点，由军队学位委员会审核后，报国务院学位委员会批准。

第34条　本办法由国务院学位委员会办公室负责解释。

第35条　本办法自发布之日起实施，之前发布的与本办法不一致的有关规定，均按照本办法执行。

3.《高等学校预防与处理学术不端行为办法》（2016年6月16日）

第27条　经调查，确认被举报人在科学研究及相关活动中有下列行为之一的，应当认定为构成学术不端行为：

（一）剽窃、抄袭、侵占他人学术成果；

（二）篡改他人研究成果；

（三）伪造科研数据、资料、文献、注释，或者捏造事实、编造虚假研究成果；

（四）未参加研究或创作而在研究成果、学术论文上署名，未经他人许可而不当使用他人署名，虚构合作者共同署名，或者多人共同完成研究而在成果中未注明他人工作、贡献；

（五）在申报课题、成果、奖励和职务评审评定、申请学位等过程中提供虚假学术信息；

（六）买卖论文、由他人代写或者为他人代写论文；

（七）其他根据高等学校或者有关学术组织、相关科研管理机构制定的规则，属于学术不端的行为。

## 4. 《学位授权点合格评估办法》（2020 年 11 月 11 日）

### 第 13 条 评估结果使用

（一）教育行政部门将各学位授予单位学位授权点合格评估结果作为教育行政部门监测"双一流"建设和地方高水平大学及学科建设项目的重要内容，作为研究生招生计划安排、学位授权点增列的重要依据。

（二）学位授予单位可在周期性合格评估自我评估阶段，根据自我评估情况，结合社会对人才的需求和自身发展情况，按学位授权点动态调整的有关办法申请放弃或调整部分学位授权点。学位授予单位不得在抽评阶段申请撤销周期性合格评估范围内的学位授权点。

（三）对于撤销授权的学位授权点，5 年内不得申请学位授权，其在学研究生可按原渠道培养并按有关要求授予学位。

（四）限期整改的学位授权点在规定时间内暂停招生，进行整改。整改完成后，博士学位授权点接受国务院学位委员会办公室组织的复评；硕士学位授权点接受有关省级学位委员会组织的复评。复评合格的，恢复招生；达不到合格的，经国务院学位委员会批准，撤销学位授权。根据抽评结果作限期整改处理的学位授权点，在整改期间不得申请撤销学位授权。

### 第五条　学位授予单位

经审批取得相应学科、专业学位授予资格的高等学校、科学研究机构为学位授予单位，其授予学位的学科、专业为学位授予点。学位授予单位可以依照本法规定授予相应学位。

## ● 行政法规及文件

1. 《实施国家知识产权战略纲要任务分工》（2008年12月12日）

69. 建设若干国家知识产权人才培养基地。加快建设高水平的知识产权师资队伍。设立知识产权二级学科，支持有条件的高等学校设立知识产权硕士、博士学位授予点。（教育部、司法部负责）

2. 《教育部关于全面提高高等教育质量的若干意见》（2012年3月16日）

（二十四）加强省级政府统筹。加大省级统筹力度，根据国家标准，结合各地实际，合理确定各类高等教育办学定位、办学条件、教师编制、生均财政拨款基本标准，合理设置和调整高校及学科专业布局。省级政府依法审批设立实施专科学历教育的高校，审批省级政府管理本科高校学士学位授予单位，审核硕士学位授予单位的硕士学位授予点和硕士专业学位授予点。核准地方高校的章程。完善实施地方"十二五"高等教育改革和发展规划。加大对地方高校的政策倾斜力度，根据区域经济社会发展需要，重点支持一批有特色高水平地方高校。推进国家示范性高等职业院校建设计划，重点建设一批特色高职学校。

● 部门规章及文件

3.《普通本科学校设置暂行规定》(2006年9月28日)

为做好高等学校设置工作，保证普通本科学校设置的质量，现就普通本科学校（独立设置的学院和大学）的设置制定本暂行规定。

一、设置标准

（一）办学规模

普通本科学校主要实施本科及本科以上教育。

称为学院的，全日制在校生规模应在5000人以上。

称为大学的，全日制在校生规模应在8000人以上，在校研究生数不低于全日制在校生总数的5%。

艺术、体育及其他特殊科类或有特殊需要的学院，经教育部批准，办学规模可以不受此限。

（二）学科与专业

1. 在人文学科（哲学、文学、历史学）、社会学科（经济学、法学、教育学）、理学、工学、农学、医学、管理学等学科门类中，称为学院的应拥有1个以上学科门类作为主要学科，称为大学的应拥有3个以上学科门类作为主要学科。

2. 称为学院的其主要学科门类中应能覆盖该学科门类3个以上的专业；称为大学的其每个主要学科门类中的普通本科专业应能覆盖该学科门类3个以上的一级学科，每个主要学科门类的全日制本科以上在校生均不低于学校全日制本科以上在校生总数的15%，且至少有2个硕士学位授予点，学校的普通本科专业总数至少在20个以上。

（三）师资队伍

1. 普通本科学校应具有较强的教学、科研力量，专任教师总数一般应使生师比不高于18：1；兼任教师人数应当不超过本校专任教师总数的1/4。

2. 称为学院的在建校初期专任教师总数不少于 280 人。专任教师中具有研究生学历的教师数占专任教师总数的比例应不低于 30%，具有副高级专业技术职务以上的专任教师人数一般应不低于专任教师总数的 30%，其中具有正教授职务的专任教师应不少于 10 人。各门公共必修课程和专业基础必修课程，至少应当分别配备具有副高级专业技术职务以上的专任教师 2 人；各门专业必修课程，至少应当分别配备具有副高级专业技术职务以上的专任教师 1 人；每个专业至少配备具有正高级专业技术职务的专任教师 1 人。

3. 称为大学的专任教师中具有研究生学位的人员比例一般应达到 50%以上，其中具有博士学位的专任教师占专任教师总数的比例一般应达到 20%以上；具有高级专业技术职务的专任教师数一般应不低于 400 人，其中具有正教授职务的专任教师一般应不低于 100 人。

（四）教学与科研水平

1. 普通本科学校应具有较强的教学力量和较高的教学水平，在教育部组织的教学水平评估中，评估结论应达到"良好"以上（对申办学院的学校是指高职高专学校教学工作水平评估；对学院更名为大学的学校是指普通高等学校本科教学工作水平评估）。称为大学的学校应在近两届教学成果评选中至少有 2 个以上项目获得过国家级一、二等奖或省级一等奖。

2. 普通本科学校应具有较高的科学研究水平。称为大学的学校还应达到以下标准：

（1）近 5 年年均科研经费，以人文、社会学科为主的学校至少应达到 500 万元，其他类高校至少应达到 3000 万元；

（2）近 5 年来科研成果获得省部级以上（含省部级）奖励 20 项，其中至少应有 2 个国家级奖励；

（3）至少设有省部级以上（含省部级）重点实验室 2 个和重点学科 2 个；

(4) 一般至少应具有 10 个硕士点,并且有 5 届以上硕士毕业生。

(五) 基础设施

1. 土地。普通本科学校生均占地面积应达到 60 平方米以上。学院建校初期的校园占地面积应达到 500 亩以上。

2. 建筑面积。普通本科学校的生均校舍建筑面积应达到 30 平方米以上。称为学院的学校,建校初期其总建筑面积应不低于 15 万平方米;普通本科学校的生均教学科研行政用房面积,理、工、农、医类应不低于 20 平方米,人文、社科、管理类应不低于 15 平方米,体育、艺术类应不低于 30 平方米。

3. 仪器设备。普通本科学校生均教学科研仪器设备值,理、工、农、医类和师范院校应不低于 5000 元,人文、社会科学类院校应不低于 3000 元,体育、艺术类院校应不低于 4000 元。

4. 图书。普通本科学校生均适用图书,理、工、农、医类应不低于 80 册,人文、社会科学类和师范院校应不低于 100 册,体育、艺术类应不低于 80 册。

各校都应建有现代电子图书系统和计算机网络服务体系。

5. 实习、实训场所。普通本科学校必须拥有相应的教学实践、实习基地。以理学、工学、农林等科类专业教育为主的学校应当有必需的教学实习工厂和农(林)场和固定的生产实习基地;以师范类专业教育为主的学校应当有附属的实验学校或固定的实习学校;以医学专业教育为主的学校至少应当有一所直属附属医院和适用需要的教学医院。

(六) 办学经费

普通本科学校所需基本建设投资和教育事业费,须有稳定、可靠的来源和切实的保证。

(七) 领导班子

必须具备《教育法》、《高等教育法》、《民办教育促进法》

等有关法律规定的关于高等学校领导任职条件要求，具有较高政治素质和管理能力、品德高尚、熟悉高等教育、有高等教育副高级以上专业技术职务的专职领导班子。位于少数民族地区和边远地区的普通本科学校，在设置时，其办学规模和有关条件在要求上可以适当放宽。

设置民办普通本科学校，应参照上述标准执行。

二、学校名称

1. 本科层次的普通高等学校称为"××大学"或"××学院"。

2. 设置普通学校，应当根据学校的人才培养目标、办学层次、类型、学科门类、教学和科研水平、规模、领导体制、所在地等，确定名实相符的学校名称。

3. 校名不冠以"中国"、"中华"、"国家"等字样，不以个人姓名命名，不使用省、自治区、直辖市和学校所在城市以外的地域名。

4. 普通高等学校实行一校一名制。

三、设置申请

1. 教育部每年第 4 季度办理设置普通本科学校的审批手续。设置普通本科学校的主管部门，应当在每年第 3 季度提出申请，逾期则延至下次审批时间办理。

2. 设置普通本科学校的审批，一般分为审批筹建和审批正式建校招生两个阶段。完全具备建校招生条件的，也可直接申请建校招生。

3. 设置普通本科学校，应当由学校的主管部门委托其教育行政部门邀请规划、人才、劳动人事、财政、基本建设等有关部门和专家共同进行考察、论证，并提出论证报告。论证报告应包括下列内容：（1）拟建学校的名称、校址、类型、办学定位、学科和专业设置、规模、领导体制、办学特色、服务面向；（2）人才需求预测、办学效益、本地区高等教育的布局结构；（3）拟建学校的发展规划,特别是师资队伍建设规划、学科建设规划和校园基本建设规划;(4)拟建学校的经费来源和财政保障。

4. 凡经过论证,确需设置普通本科学校的,按学校隶属关系,由省、自治区、直辖市人民政府或国务院有关部门向教育部提出申请,并附交论证报告及拟设学校的章程。国务院有关部门申请设立普通本科学校的,还应当附交学校所在地的省、自治区、直辖市人民政府的意见书。

5. 普通本科学校的筹建期限,从批准之日起,应当不少于1年,最长不超过5年。拟要求"去筹"、正式设立的普通本科学校,须在其正式批准的筹建期满后,由其主管部门向教育部提出正式设立的申请。

6. 凡提出设置普通本科学校的申请,在经由教育部形式审查通过后,由教育部委托全国高校设置评议委员会进行考察、评议;通过考察、评议的学校,由教育部正式批准设立。未通过教育部形式审查或未通过全国高校设置评议委员会考察、评议的学校,若仍需设置,需在下次由学校主管部门重新向教育部提出申请。凡未通过考察、评议的学校,教育部将以书面形式告知其主管部门。

本《暂行规定》自发布之日起实施。此前教育部发布的有关普通本科学校设置问题的文件与本《暂行规定》不一致的,以本《暂行规定》为准。

## 第二章 学位工作体制

### 第六条 国务院学位委员会

国务院设立学位委员会,领导全国学位工作。

国务院学位委员会设主任委员一人,副主任委员和委员若干人。主任委员、副主任委员和委员由国务院任免,每届任期五年。

> 国务院学位委员会设立专家组，负责学位评审评估、质量监督、研究咨询等工作。

● **部门规章及文件**

1. **《博士硕士学位授权审核办法》**（2024年1月10日）

第8条 新增学位授权审核由国务院学位委员会统一部署，原则上每3年开展一次。每次审核都应依据本办法制定相应工作方案，细化明确该次审核的范围、程序、要求等。

第9条 各省（区、市）学位委员会和新疆生产建设兵团学位委员会（以下简称省级学位委员会）负责接收本区域内的新增学位授予单位申请和新增学位点申请，并根据国家、区域经济社会发展对高层次人才的需求，在专家评议基础上，向国务院学位委员会择优推荐新增学位授予单位、新增学位点和自主审核单位。

国务院学位委员会办公室组织专家对新增学位授予单位、新增学位点和自主审核单位进行核查或评议，并报国务院学位委员会批准。

第10条 国务院学位委员会在收到省级学位委员会的推荐意见后，应于3个月内完成审批，不包含专家评议时间。

第11条 新增学位点审核按照《研究生教育学科专业目录》规定的一级学科和专业学位类别进行。

第12条 新增学位授予单位审核原则上只在普通高等学校范围内进行。根据事业发展需要，可在进行事业单位登记的科学研究机构中试点开展新增学位授予单位审核。从严控制新增学位授予单位数量。新增硕士学位授予单位以培养应用型人才为主。

第13条 省级学位委员会根据国家和区域经济社会发展对高层次人才的需求，确定本地区普通高等学校的博士、硕士和学士三级学位授予单位比例，制定本地区新增学位授予单位规划，确定立项建设单位，按照立项、建设、评估、验收的程序分批安排建设。建设期一般不少于3年。立项建设单位建设期满并通过验收后，可申请新增相应层次的学位授予单位。

第14条 新增学位授予单位需同时通过单位整体条件及一定数量相应级别学位点的审核，方可获批为学位授予单位。新增学位授予单位同时申请的新增学位点审核按本办法第十九条规定的程序进行。

第15条 新增学位授予单位审核的基本程序是：

（一）符合新增学位授予单位申请基本条件的单位向本地区省级学位委员会提出申请，报送材料。

（二）省级学位委员会对申请学校的资格和材料进行核查，将申请材料向社会进行不少于5个工作日的公示，并按有关规定对异议进行处理。

（三）省级学位委员会组织专家对符合申请条件的学校进行评议，并在此基础上召开省级学位委员会会议，研究提出拟新增学位授予单位的推荐名单，在经不少于5个工作日公示后，报国务院学位委员会。

（四）国务院学位委员会办公室组织专家对省级学位委员会推荐的拟新增学位授予单位进行评议，专家应在博士学位授权高校领导、国务院学位委员会学科评议组（以下简称学科评议组）召集人及秘书长、全国专业学位研究生教育指导委员会（以下简称专业学位教指委）主任委员与副主任委员及秘书长范围内选聘。获得2/3（含）以上专家同意的确定为拟新增学位授予单位。

经省级学位委员会推荐的符合硕士学位授予单位申请基本条件的单位，经核查且无重大异议，可不进行评议并直接确定为拟新增硕士学位授予单位。

（五）国务院学位委员会办公室将拟新增学位授予单位名单向社会进行为期10个工作日的公示，并按有关规定对异议进行处理。

（六）国务院学位委员会审议批准新增学位授予单位。

**第七条** 国务院教育行政部门

国务院学位委员会在国务院教育行政部门设立办事机构，承担国务院学位委员会日常工作。

国务院教育行政部门负责全国学位管理有关工作。

● 法　律

1.《职业教育法》（2022 年 4 月 20 日）

第 20 条　国务院教育行政部门会同有关部门根据经济社会发展需要和职业教育特点，组织制定、修订职业教育专业目录，完善职业教育教学等标准，宏观管理指导职业学校教材建设。

第 33 条　职业学校的设立，应当符合下列基本条件：

（一）有组织机构和章程；

（二）有合格的教师和管理人员；

（三）有与所实施职业教育相适应、符合规定标准和安全要求的教学及实习实训场所、设施、设备以及课程体系、教育教学资源等；

（四）有必备的办学资金和与办学规模相适应的稳定经费来源。

设立中等职业学校，由县级以上地方人民政府或者有关部门按照规定的权限审批；设立实施专科层次教育的高等职业学校，由省、自治区、直辖市人民政府审批，报国务院教育行政部门备案；设立实施本科及以上层次教育的高等职业学校，由国务院教育行政部门审批。

专科层次高等职业学校设置的培养高端技术技能人才的部分专业，符合产教深度融合、办学特色鲜明、培养质量较高等条件的，经国务院教育行政部门审批，可以实施本科层次的职业教育。

2. 《**教育法**》（2021年4月29日）

第21条　国家实行国家教育考试制度。

国家教育考试由国务院教育行政部门确定种类，并由国家批准的实施教育考试的机构承办。

3. 《**民办教育促进法**》（2018年12月29日）

第7条　国务院教育行政部门负责全国民办教育工作的统筹规划、综合协调和宏观管理。

国务院人力资源社会保障行政部门及其他有关部门在国务院规定的职责范围内分别负责有关的民办教育工作。

4. 《**高等教育法**》（2018年12月29日）

第14条　国务院教育行政部门主管全国高等教育工作，管理由国务院确定的主要为全国培养人才的高等学校。国务院其他有关部门在国务院规定的职责范围内，负责有关的高等教育工作。

第18条　高等教育由高等学校和其他高等教育机构实施。

大学、独立设置的学院主要实施本科及本科以上教育。高等专科学校实施专科教育。经国务院教育行政部门批准，科学研究机构可以承担研究生教育的任务。

其他高等教育机构实施非学历高等教育。

### 第八条　省级学位委员会

省、自治区、直辖市人民政府设立省级学位委员会，在国务院学位委员会的指导下，领导本行政区域学位工作。

省、自治区、直辖市人民政府教育行政部门负责本行政区域学位管理有关工作。

● 部门规章及文件

1. 《国务院学位委员会办公室关于做好本科层次职业学校学士学位授权与授予工作的意见》（2021年11月18日）

　　一、本科层次职业教育学士学位授权、授予、管理和质量监督按照《中华人民共和国学位条例》《中华人民共和国学位条例暂行实施办法》《学士学位授权与授予管理办法》执行。

　　二、申报本科层次职业教育学士学位授权的学校须为教育部批准的本科层次职业学校。具有本科层次职业教育学士学位授予权的学校可开展本科层次职业教育学士学位授予工作。

　　三、省级学位委员会负责本区域（系统）的本科层次职业教育学士学位授权审批工作，应及时修订学士学位授权审核办法，突出本科层次职业教育育人特色，明确本科层次职业教育学士学位授权相关要求。

　　四、省级学位委员会应制定本科层次职业教育学士学位授权单位、授权专业申请基本条件，条件应遵循职业教育办学规律，涵盖办学定位、师资队伍、人才培养、办学条件、管理制度等内容。申请基本条件不得低于教育部颁布的本科层次职业学校设置标准和本科层次职业教育专业设置标准。

　　五、本科层次职业教育学士学位按学科门类授予。教育部在颁布本科层次职业教育专业目录时，应明确专业归属的学科门类。本科层次职业教育专业目录的专业名称、代码、归属的学科门类发生变动时，省级学位委员会应对授权进行相应调整。

　　六、本科层次职业教育学士学位授予单位应制定本单位的学位授予程序。主要程序是：审查是否符合学士学位授予标准，符合标准的列入学士学位授予名单，学校学位评定委员会作出是否批准的决议。学校学位评定委员会表决通过的决议和学士学位授予名单应在校内公开，并报省级学位委员会备查。

　　七、本科层次职业教育学士学位授予单位应制定本单位的学士学位授予标准。学位授予标准应落实立德树人根本任务，坚持正确育人导向，强化思想政治要求，突出职业能力和职业素养水平，符合《中华人民共和国学位条例》及其暂行实施办法的规定。

八、本科层次职业教育暂不开展第二学士学位、辅修学士学位、双学士学位复合型人才培养项目、联合学士学位、高等学历继续教育学士学位的授予工作。

九、本科层次职业教育学士学位证书和学位授予信息按照《学位证书和学位授予信息管理办法》《学位授予信息管理工作规程》执行。

十、本科层次职业教育学士学位授予单位应建立学士学位管理和质量保障的相关规章制度，依法依规开展学士学位授予工作，确保本科层次职业教育学士学位授予质量。省级学位委员会应加强对本区域（系统）本科层次职业教育学士学位授予单位的统筹指导和质量监督，不断提升其开展学士学位授予工作的能力和水平。

2.《本科毕业论文（设计）抽检办法（试行）》（2020年12月24日）

第12条 本科毕业论文抽检结果的使用。

（一）抽检结果以适当方式向社会公开。

（二）对连续2年均有"存在问题毕业论文"，且比例较高或篇数较多的高校，省级教育行政部门应在本省域内予以通报，减少其招生计划，并进行质量约谈，提出限期整改要求。高校应对有关部门、学院和个人的人才培养责任落实情况进行调查，依据有关规定予以追责。

（三）对连续3年抽检存在问题较多的本科专业，经整改仍无法达到要求者，视为不能保证培养质量，省级教育行政部门应依据有关规定责令其暂停招生，或由省级学位委员会撤销其学士学位授权点。

（四）对涉嫌存在抄袭、剽窃、伪造、篡改、买卖、代写等学术不端行为的毕业论文，高校应按照相关程序进行调查核实，对查实的应依法撤销已授予学位，并注销学位证书。

（五）抽检结果将作为本科教育教学评估、一流本科专业建设、本科专业认证以及专业建设经费投入等教育资源配置的重要参考依据。

3.《博士、硕士学位授权学科和专业学位授权类别动态调整办法》（2020年12月1日）

第1条 根据国务院学位委员会《关于开展博士、硕士学位授权学科和专业学位授权类别动态调整试点工作的意见》，制定本办法。

第2条 本办法所规定的动态调整，系指各学位授予单位根据经济社会发展需求和本单位学科发展规划与实际，撤销国务院学位委员会批准的学位授权点，并可增列现行学科目录中的一级学科或专业学位类别的其他学位授权点；各省（自治区、直辖市）学位委员会、新疆生产建设兵团学位委员会、军队学位委员会（下称"省级学位委员会"）在数量限额内组织本地区（系统）学位授予单位，统筹增列现行学科目录中的一级学科或专业学位类别的学位授权点。

第3条 本办法所称学位授权点，包括：

1. 博士学位授权学科（仅包含博士学位授予权，不包含同一学科的硕士学位授予权）；
2. 硕士学位授权学科；
3. 博士专业学位授权类别；
4. 硕士专业学位授权类别。

第4条 撤销博士学位授权学科、硕士学位授权学科，可按以下情况增列其他学位授权点：

1. 撤销博士学位授权一级学科，可增列下述之一：

（1）其他博士学位授权一级学科，但所增列学科应已为硕士学位授权一级学科或为拟同时增列的硕士学位授权一级学科；

（2）其他硕士学位授权一级学科；

（3）博士专业学位授权类别；

（4）硕士专业学位授权类别。

2. 撤销硕士学位授权一级学科，可增列下述之一：

（1）其他硕士学位授权一级学科；

（2）硕士专业学位授权类别。

3. 撤销未获得一级学科授权的授权二级学科，按以下情况处理：

（1）撤销该一级学科下的全部博士学位授权二级学科，视同撤销一个博士学位授权一级学科，可按本条第1项的规定增列其他学位授权点。

（2）撤销该一级学科下的全部硕士学位授权二级学科，视同撤销一个硕士学位授权一级学科，可按本条第2项的规定增列其他学位授权点。

按本条规定撤销后仍在本单位增列博士学位授权学科或硕士学位授权学科的，应为与撤销授权点所属学科不同的其他一级学科。

第5条 撤销博士专业学位授权类别、硕士专业学位授权类别，可按以下情况增列其他专业学位授权类别：

1. 撤销博士专业学位授权类别，可增列下述之一：

（1）其他博士专业学位授权类别；

（2）其他硕士专业学位授权类别。

2. 撤销硕士专业学位授权类别，可增列其他硕士专业学位授权类别。

第6条 对于属同一学科的博士学位授权学科和硕士学位授

权学科，不得单独撤销硕士学位授权学科保留博士学位授权学科。对于属同一类别的博士专业学位授权类别和硕士专业学位授权类别，不得单独撤销硕士专业学位授权类别保留博士专业学位授权类别。

第7条 各省级学位委员会对博士学位授权点的调整，只能在博士学位授予单位内和博士学位授予单位之间进行；对硕士学位授权点的调整，可在博士和硕士学位授予单位内，以及博士和硕士学位授予单位之间进行。

学位授予单位自主调整

第8条 学位授予单位自主调整学位授权点，指学位授予单位在本单位范围内主动撤销并可自主增列学位授权点。调整中拟增列学位授权点的数量不得超过主动撤销学位授权点的数量，主动撤销学位授权点后不同时增列学位授权点的，可在今后自主调整中增列。

学位授予单位可主动撤销的学位授权点包括：

1. 在专项合格评估（含限期整改后复评）中被评为合格的学位授权点；

2. 在周期性合格评估（含限期整改后复评）中被评为合格的学位授权点；

3. 在周期性合格评估中自评不合格进行限期整改后尚未参加复评的学位授权点。

第9条 学位授予单位应切实保证质量，制定本单位学位授权点动态调整实施细则，报省级学位委员会备案。拟增列的学位授权点，须符合国务院学位委员会正在执行的学位授权点申请基本条件。

学位授予单位须聘请同行专家根据学位授权点申请基本条件、省级学位委员会和学位授予单位规定的其他要求对拟增列的学位授权点进行评议。拟撤销和增列的学位授权点，须经本单位学位评定委员会审议通过，并在本单位内进行不少于10个工作日的公示。

第10条　学位授予单位将主动撤销和增列的学位授权点以及开展调整工作的有关情况报省级学位委员会。省级学位委员会对学位授予单位调整工作是否符合规定的程序办法进行审查。

第11条　省级学位委员会统筹调整学位授权点，包括：

1. 制定学科发展规划，指导本地区（系统）学位授权点动态调整。制定支持政策，引导学位授予单位根据区域（行业）经济社会发展需要撤销和增列学位授权点。对学位授予单位拟增列与经济社会发展需求不相适应或学生就业困难的学位授权点，省级学位委员会可不同意其增列。

2. 省级学位委员会可在本地区（系统）范围内统筹组织增列学位授权点，增列学位授权点的数额来源如下：

（1）由学位授予单位主动撤销并主动纳入省级统筹的学位授权点；

（2）在周期性合格评估中处理意见为限期整改，经复评未达到合格，被作出撤销处理的学位授权点；

（3）在周期性合格评估中抽评结果为不合格，被作出撤销处理的学位授权点；

（4）在周期性合格评估中未确认参评被作出撤销处理的学位授权点，以及在周期性合格评估中确认参评但未开展自我评估，被作出撤销处理的学位授权点。

第12条　省级学位委员会组织开展增列学位授权点工作，按以下程序和要求进行：

1. 学位授予单位申请增列学位授权点，须经本单位学位评定委员会审议通过。

2. 省级学位委员会聘请同行专家，根据国务院学位委员会正在执行的学位授权点申请基本条件和省级学位委员会规定的其他要求，对学位授予单位申请增列的学位授权点进行评审。除军队系统外，参加评审的同行专家中，来自本地区（系统）以外的专家原则上不少于二分之一。

3. 省级学位委员会对专家评审通过的申请增列学位授权点进行审议，并对审议通过的拟增列学位授权点进行不少于 10 个工作日的公示。

第 13 条 省级学位委员会于每一年度规定时间，将本地区（系统）范围内学位授予单位拟主动撤销和自主增列的学位授权点以及省级学位委员会审议通过的拟增列学位授权点报国务院学位委员会批准。

第 14 条 按本办法主动撤销的学位授权点，5 年内不得再次按本办法增列为学位授权点，其在学研究生可按原渠道培养并按有关要求完成学位授予。

第 15 条 军事学门类授权学科及军事类专业学位授权类别需经军队学位委员会同意后，方可申请增列。

第 16 条 学位授权自主审核单位不参加学位授权点动态调整工作，其学位授权点调整全部纳入自主审核工作，不再纳入学位授权点动态调整省级统筹。

第 17 条 博士学位授权一级学科、硕士学位授权一级学科如经动态调整撤销，根据相关规定在其下自主设置的二级学科也相应撤销。

第 18 条 在专项合格评估（含限期整改后复评）中被评为不合格并撤销的学位授权点，不再作为增列学位授权点的数额来源。

在周期性合格评估抽评阶段，学位授予单位不得申请撤销本次周期性合格评估范围内的学位授权点。根据抽评结果做限期整改处理的学位授权点，在整改期间不参加学位授权点动态调整工作。

第19条　根据学科专业调整等工作需要或因学风问题撤销的学位授权点，不再作为增列学位授权点的数额来源。

4.《学位授权点合格评估办法》（2020年11月11日）

第9条　教育行政部门抽评基本程序

（一）抽评工作的组织

抽评博士学位授权点的名单由国务院学位委员会办公室确定，委托国务院学位委员会学科评议组（以下简称学科评议组）和全国专业学位研究生教育指导委员会（以下简称专业学位教指委）组织评议。抽评名单确定后，应通知有关省级学位委员会、专家组和学位授予单位。抽评硕士学位授权点的名单及其评议由各省级学位委员会分别组织。

（二）教育行政部门在自我评估结果为"合格"的学位授权点范围内，按以下要求确定抽评学位授权点：

1. 抽评学位授权点应当覆盖所有学位授予单位；

2. 各一级学科和专业学位类别被抽评比例不低于被抽评范围的30%，现有学位授权点数量较少的学科或专业学位类别视具体情况确定抽评比例；

3. 评估周期内有以下情形的，应加大抽评比例：

（1）发生过严重学术不端问题的学位授予单位；

（2）存在人才培养和学位授予质量方面其他问题的学位授予单位；

4. 评估周期内学位论文抽检存在问题较多的学位授权点。

（三）评议专家组成

学科评议组、专业学位教指委和省级学位委员会设立的评议专家组（以下统称专家组），是开展学位授权点评议的主要力量。每个专家组的人数应为奇数，可根据评估范围内学位授权点的学科或专业学位类别具体情况，增加同行专家参与评估。评议实行本单位专家回避制。

（四）专家组制定评议方案，确定评议的基本标准和要求，报负责抽评的教育行政部门备案，并通知受评单位。抽评的基本标准和要求不低于周期性合格评估基本条件。

（五）评议方式和评议材料。专家组应根据本办法制定议事规则。专家评议以通讯评议方式为主，也可根据需要采用会议评议方式开展。评议材料主要有《学位授权点自我评估总结报告》、学位授权点基本状态信息表、学位授予单位《研究生教育发展质量年度报告》、《学位授权点建设年度报告》、近5年研究生培养方案、自评专家评议意见和改进建议，以及专家组认为必要的其他评估材料。

（六）评议结果。每位抽评专家审议抽评材料，对照本组学位授权点周期性合格评估标准，对学位授权点提出"合格"或"不合格"的评议意见，以及具体问题和改进建议。专家组应汇总每位专家意见，按照专家组的议事规则，形成对每个学位授权点的评议结果。全体专家的1/2以上（不含1/2）评议意见为"不合格"的学位授权点，评议结果为"不合格"，其他情形为"合格"。

博士学位授权点的评议情况、评议结果及可能产生的后果、存在的主要问题和具体改进建议由学科评议组或专业学位教指委向受评单位反馈，并在规定时间内受理和处理受评单位的异议。硕士学位授权点评议的相关情况、评议结果及可能产生的后果、存在的主要问题和具体改进建议由省级学位委员会向受评单位反馈，并在规定时间内受理和处理受评单位的异议。

（七）学科评议组、专业学位教指委和省级学位委员会根据评议情况和异议处理结果，形成相应学位授权点抽评意见和处理建议，编制评估工作总结报告，向国务院学位委员会办公室报送。

（八）国务院学位委员会办公室可在抽评期间适时组织对抽

评工作的专项检查。

第 10 条 异议处理

（一）学位授予单位如对具体学位授权点评议结果存有异议，应按评估方案要求，博士学位授权点向学科评议组或专业学位教指委提出申诉，硕士学位授权点向省级学位委员会提出申诉，并在规定时间内提供相关材料。

（二）博士学位授权点的异议，有关学科评议组或专业学位教指委应当会同有关省级学位委员会进行处理，组织本学科评议组或专业学位教指委成员成立专门小组进行实地考察核实，确有必要的可约请学科评议组或专业学位教指委之外的同行专家。实地考察的规程和要求由专门小组制订。硕士学位授权点由省级学位委员会组织专门小组进行实地考察核实。

（三）博士学位授权点异议处理专门小组结束考察后应向本学科评议组或专业学位教指委报告具体考察意见。

（四）学科评议组或专业学位教指委经充分评议后，形成博士学位授权点的抽评意见和处理建议。省级学位委员会根据专家组评议意见及专门小组的考察报告，审议形成硕士学位授权点的抽评意见和处理建议。

第 11 条 国务院学位委员会办公室汇总学位授予单位自我评估结果，以及学科评议组、专业学位教指委、省级学位委员会抽评结果，进行形式审查。

对形式审查发现问题的，请有关学科评议组或专业学位教指委进行核实并补充相关材料；对审查通过的，按以下情形提出处理建议：

（一）对有如下情形之一的学位授权点，提出继续授权建议：

1. 自我评估结果为"合格"且未被抽评的学位授权点；

2. 抽评专家表决意见为"不合格"的比例不足 1/3 的学位授权点。

（二）对有如下情形之一的学位授权点，提出限期整改建议：

1. 自我评估结果为"不合格"的学位授权点；

2. 抽评专家表决意见为"不合格"的比例在 1/3（含 1/3）至 1/2（含 1/2）之间的学位授权点。

（三）对抽评专家表决意见为"不合格"的比例在 1/2（不含 1/2）以上的学位授权点，提出撤销学位授权建议。

第 13 条　评估结果使用

（一）教育行政部门将各学位授予单位学位授权点合格评估结果作为教育行政部门监测"双一流"建设和地方高水平大学及学科建设项目的重要内容，作为研究生招生计划安排、学位授权点增列的重要依据。

（二）学位授予单位可在周期性合格评估自我评估阶段，根据自我评估情况，结合社会对人才的需求和自身发展情况，按学位授权点动态调整的有关办法申请放弃或调整部分学位授权点。学位授予单位不得在抽评阶段申请撤销周期性合格评估范围内的学位授权点。

（三）对于撤销授权的学位授权点，5 年内不得申请学位授权，其在学研究生可按原渠道培养并按有关要求授予学位。

（四）限期整改的学位授权点在规定时间内暂停招生，进行整改。整改完成后，博士学位授权点接受国务院学位委员会办公室组织的复评；硕士学位授权点接受有关省级学位委员会组织的复评。复评合格的，恢复招生；达不到合格的，经国务院学位委员会批准，撤销学位授权。根据抽评结果作限期整改处理的学位授权点，在整改期间不得申请撤销学位授权。

第 17 条　省级学位委员会、军队学位委员会和学位授予单位，可根据本办法制定相应的实施细则。

5.《学士学位授权与授予管理办法》（2019 年 7 月 9 日）

第 6 条　省（区、市）学位委员会、军队学位委员会（以下简称为"省级学位委员会")应制定学士学位授权审核标准。审核标准应明确办学方向、师资队伍、基本条件、课程设置、教学方式、管理制度等要求，不低于本科院校设置标准和本科专业设置标准。

第 7 条　省级学位委员会应制定学士学位授权审核办法，完善审批程序。审核工作应加强与院校设置、专业设置等工作的衔接。

第 8 条　经教育部批准设置的普通高等学校，原则上应在招收首批本科生的当年，向省级学位委员会提出学士学位授予单位授权申请。

经教育部批准或备案的新增本科专业，学士学位授予单位原则上应在本专业招收首批本科生的当年，向省级学位委员会提出学士学位授予专业授权申请。

第 9 条　学士学位授予单位撤销的授权专业应报省级学位委员会备案。已获得学士学位授权的专业停止招生五年以上的，视为自动放弃授权，恢复招生的须按照新增本科专业重新申请学士学位授权。

第 10 条　省级学位委员会可组织具有博士学位授予权的高等学校，开展本科专业的学士学位授权自主审核工作，审核结果由省级学位委员会批准。

6.《博士硕士学位授权审核办法》（2024 年 1 月 10 日）

第 8 条　新增学位授权审核由国务院学位委员会统一部署，原则上每 3 年开展一次。每次审核都应依据本办法制定相应工作方案，细化明确该次审核的范围、程序、要求等。

第 9 条　各省（区、市）学位委员会和新疆生产建设兵团学位委员会（以下简称省级学位委员会）负责接收本区域内的新增学位授予单位申请和新增学位点申请，并根据国家、区域经济社会发展对高层次人才的需求，在专家评议基础上，向国务院学位委员会择优推荐新增学位授予单位、新增学位点和自主审核单位。

国务院学位委员会办公室组织专家对新增学位授予单位、新增学位点和自主审核单位进行核查或评议，并报国务院学位委员会批准。

第10条　国务院学位委员会在收到省级学位委员会的推荐意见后，应于3个月内完成审批，不包含专家评议时间。

第11条　新增学位点审核按照《研究生教育学科专业目录》规定的一级学科和专业学位类别进行。

## 第三章　新增博士硕士学位授予单位审核

第12条　新增学位授予单位审核原则上只在普通高等学校范围内进行。根据事业发展需要，可在进行事业单位登记的科学研究机构中试点开展新增学位授予单位审核。从严控制新增学位授予单位数量。新增硕士学位授予单位以培养应用型人才为主。

第13条　省级学位委员会根据国家和区域经济社会发展对高层次人才的需求，确定本地区普通高等学校的博士、硕士和学士三级学位授予单位比例，制定本地区新增学位授予单位规划，确定立项建设单位，按照立项、建设、评估、验收的程序分批安排建设。建设期一般不少于3年。立项建设单位建设期满并通过验收后，可申请新增相应层次的学位授予单位。

第14条　新增学位授予单位需同时通过单位整体条件及一定数量相应级别学位点的审核，方可获批为学位授予单位。新增学位授予单位同时申请的新增学位点审核按本办法第十九条规定的程序进行。

第15条　新增学位授予单位审核的基本程序是：

（一）符合新增学位授予单位申请基本条件的单位向本地区省级学位委员会提出申请，报送材料。

（二）省级学位委员会对申请学校的资格和材料进行核查，将申请材料向社会进行不少于5个工作日的公示，并按有关规定对异议进行处理。

（三）省级学位委员会组织专家对符合申请条件的学校进行评议，并在此基础上召开省级学位委员会会议，研究提出拟新增学位授予单位的推荐名单，在经不少于5个工作日公示后，报国务院学位委员会。

（四）国务院学位委员会办公室组织专家对省级学位委员会推荐的拟新增学位授予单位进行评议，专家应在博士学位授权高校领导、国务院学位委员会学科评议组（以下简称学科评议组）召集人及秘书长、全国专业学位研究生教育指导委员会（以下简称专业学位教指委）主任委员与副主任委员及秘书长范围内选聘。获得2/3（含）以上专家同意的确定为拟新增学位授予单位。

经省级学位委员会推荐的符合硕士学位授予单位申请基本条件的单位，经核查且无重大异议，可不进行评议并直接确定为拟新增硕士学位授予单位。

（五）国务院学位委员会办公室将拟新增学位授予单位名单向社会进行为期10个工作日的公示，并按有关规定对异议进行处理。

（六）国务院学位委员会审议批准新增学位授予单位。

**第九条　学位评定委员会职责**

学位授予单位设立学位评定委员会，履行下列职责：
（一）审议本单位学位授予的实施办法和具体标准；
（二）审议学位授予点的增设、撤销等事项；
（三）作出授予、不授予、撤销相应学位的决议；
（四）研究处理学位授予争议；
（五）受理与学位相关的投诉或者举报；
（六）审议其他与学位相关的事项。

学位评定委员会可以设立若干分委员会协助开展工作，并可以委托分委员会履行相应职责。

● **部门规章及文件**

**《高等学校章程制定暂行办法》**（2011年11月28日）

第11条　章程应当明确规定学校学术委员会、学位评定委员会以及其他学术组织的组成原则、负责人产生机制、运行规则与监督机制，保障学术组织在学校的学科建设、专业设置、学术评价、学术发展、教学科研计划方案制定、教师队伍建设等方面充分发挥咨询、审议、决策作用，维护学术活动的独立性。

章程应当明确学校学术评价和学位授予的基本规则和办法；明确尊重和保障教师、学生在教学、研究和学习方面依法享有的学术自由、探索自由，营造宽松的学术环境。

### 第十条　学位评定委员会组成及决议

学位评定委员会由学位授予单位具有高级专业技术职务的负责人、教学科研人员组成，其组成人员应当为不少于九人的单数。学位评定委员会主席由学位授予单位主要行政负责人担任。

学位评定委员会作出决议，应当以会议的方式进行。审议本法第九条第一款第一项至第四项所列事项或者其他重大事项的，会议应当有全体组成人员的三分之二以上出席。决议事项以投票方式表决，由全体组成人员的过半数通过。

● **部门规章及文件**

**《高等学校章程制定暂行办法》**（2011年11月28日）

第11条　章程应当明确规定学校学术委员会、学位评定委员会以及其他学术组织的组成原则、负责人产生机制、运行规则与监督机制，保障学术组织在学校的学科建设、专业设置、学术评价、学术发展、教学科研计划方案制定、教师队伍建设等方面充分发挥咨询、审议、决策作用，维护学术活动的独立性。

章程应当明确学校学术评价和学位授予的基本规则和办法；明确尊重和保障教师、学生在教学、研究和学习方面依法享有的学术自由、探索自由，营造宽松的学术环境。

**第十一条　学位评定委员会事项公布**

学位评定委员会及分委员会的组成人员、任期、职责分工、工作程序等由学位授予单位确定并公布。

## 第三章　学位授予资格

**第十二条　申请学位授予资格条件**

高等学校、科学研究机构申请学位授予资格，应当具备下列条件：

（一）坚持社会主义办学方向，落实立德树人根本任务；

（二）符合国家和地方经济社会发展需要、高等教育发展规划；

（三）具有与所申请学位授予资格相适应的师资队伍、设施设备等教学科研资源及办学水平；

（四）法律、行政法规规定的其他条件。

国务院学位委员会、省级学位委员会可以根据前款规定，对申请相应学位授予资格的条件作出具体规定。

● 法　律

《高等教育法》（2018年12月29日）

第6条　国家根据经济建设和社会发展的需要，制定高等教育发展规划，举办高等学校，并采取多种形式积极发展高等教育事业。

国家鼓励企业事业组织、社会团体及其他社会组织和公民等社会力量依法举办高等学校，参与和支持高等教育事业的改革和发展。

**第十三条** 申请学位授予资格主体

依法实施本科教育且具备本法第十二条规定条件的高等学校，可以申请学士学位授予资格。依法实施本科教育、研究生教育且具备本法第十二条规定条件的高等学校、科学研究机构，可以申请硕士、博士学位授予资格。

## ● 法　律

1.《教育法》（2021年4月29日）

第23条　国家实行学位制度。

学位授予单位依法对达到一定学术水平或者专业技术水平的人员授予相应的学位，颁发学位证书。

## ● 行政法规及文件

2.《民办教育促进法实施条例》（2021年4月7日）

第32条　民办学校教职工在业务培训、职务聘任、教龄和工龄计算、表彰奖励、社会活动等方面依法享有与公办学校教职工同等权利。

## ● 部门规章及文件

3.《独立学院设置与管理办法》（2015年11月10日）

第7条　参与举办独立学院的普通高等学校须具有较高的教学水平和管理水平，较好的办学条件，一般应具有博士学位授予权。

4.《国务院关于鼓励社会力量兴办教育促进民办教育健康发展的若干意见》（2016年12月29日）

五、加快现代学校制度建设

（十九）完善学校法人治理。民办学校要依法制定章程，按照章程管理学校。健全董事会（理事会）和监事（会）制度，董事会（理事会）和监事（会）成员依据学校章程规定的权限和程序共同参与学校的办学和管理。董事会（理事会）应当优化人员构成，由举办者或者其代表、校长、党组织负责人、教职工代表等共同组成。监事会中应当有党组织领导班子成员。探索实行独立董事（理事）、监事制度。健全党组织参与决策制度，积极推进"双向进入、交叉任职"，学校党组织领导班子成员通过法定程序进入学校决策机构和行政管理机构，党员校长、副校长等行政机构成员可按照党的有关规定进入党组织领导班子。学校党组织要支持学校决策机构和校长依法行使职权，督促其依法治教、规范管理。完善校长选聘机制，依法保障校长行使管理权。民办学校校长应熟悉教育及相关法律法规，具有5年以上教育管理经验和良好办学业绩，个人信用状况良好。学校关键管理岗位实行亲属回避制度。完善教职工代表大会和学生代表大会制度。

（二十）健全资产管理和财务会计制度。民办学校应当明确产权关系，建立健全资产管理制度。民办学校举办者应依法履行出资义务，将出资用于办学的土地、校舍和其他资产足额过户到学校名下。存续期间，民办学校对举办者投入学校的资产、国有资产、受赠的财产以及办学积累享有法人财产权，任何组织和个人不得侵占、挪用、抽逃。进一步规范民办学校会计核算，建立健全第三方审计制度。非营利性和营利性民办学校按照登记的法人属性，根据国家有关规定执行相应的会计制度。民办学校要明晰财务管理，依法设置会计账簿。民办学校应将举办者出资、政府补助、受赠、收费、办学积累等各类资产分类登记入账，定期开展资产清查，并将清查结果向社会公布。各地要探索制定符合民办学校特点的财务管理办法，完善民办学校年度财务、决算报告和预算报告报备制度。

（二十一）规范学校办学行为。民办学校要诚实守信、规范办学。办学条件应符合国家和地方规定的设置标准和有关要求，在校生数要控制在审批机关核定的办学规模内。要按照国家和地方有关规定做好宣传、招生工作，招生简章和广告须经审批机关备案。具有举办学历教育资格的民办学校，应按国家有关规定做好学籍管理工作，对招收的学历教育学生，学习期满成绩合格的颁发毕业证书，未达到学历教育要求的发给结业证书或者其他学业证书；对符合学位授予条件的学生，颁发相应的学位证书。各类民办学校对招收的非学历教育学生，发给结业证书或者培训合格证书。

（二十二）落实安全管理责任。民办学校应遵守国家有关安全法律、法规和规章，重视校园安全工作，确保校园安全技术防范系统建设符合国家和地方有关标准，学校选址和校舍建筑符合国家抗震设防、消防技术等相关标准。建立健全安全管理制度和应急机制，制定和完善突发事件应急预案，定期开展安全检查、巡查，及时发现和消除安全隐患。加强学生和教职员工安全教育培训，定期开展针对上课、课间、午休等不同场景的安全演练，提高师生安全意识和逃生自救能力。建立安全工作组织机构，配备学校内部安全保卫人员，明确安全工作职责。

### 第十四条　审批主体

学士学位授予资格，由省级学位委员会审批，报国务院学位委员会备案。

硕士学位授予资格，由省级学位委员会组织审核，报国务院学位委员会审批。

博士学位授予资格，由国务院教育行政部门组织审核，报国务院学位委员会审批。

审核学位授予资格，应当组织专家评审。

● 行政法规及文件

《国务院关于印发国家知识产权战略纲要的通知》（2008年6月5日）

（七）加强知识产权人才队伍建设。

（59）建立部门协调机制，统筹规划知识产权人才队伍建设。加快建设国家和省级知识产权人才库和专业人才信息网络平台。

（60）建设若干国家知识产权人才培养基地。加快建设高水平的知识产权师资队伍。设立知识产权二级学科，支持有条件的高等学校设立知识产权硕士、博士学位授予点。大规模培养各级各类知识产权专业人才，重点培养企业急需的知识产权管理和中介服务人才。

（61）制定培训规划，广泛开展对党政领导干部、公务员、企事业单位管理人员、专业技术人员、文学艺术创作人员、教师等的知识产权培训。

（62）完善吸引、使用和管理知识产权专业人才相关制度，优化人才结构，促进人才合理流动。结合公务员法的实施，完善知识产权管理部门公务员管理制度。按照国家职称制度改革总体要求，建立和完善知识产权人才的专业技术评价体系。

### 第十五条　审批程序

申请学位授予资格，应当在国务院学位委员会、省级学位委员会规定的期限内提出。

负责学位授予资格审批的单位应当自受理申请之日起九十日内作出决议，并向社会公示。公示期不少于十个工作日。公示期内有异议的，应当组织复核。

● 部门规章及文件

1.《教育部关于全面提高高等教育质量的若干意见》(2012年3月16日)

（二十四）加强省级政府统筹。加大省级统筹力度，根据国家标准，结合各地实际，合理确定各类高等教育办学定位、办学条件、教师编制、生均财政拨款基本标准，合理设置和调整高校及学科专业布局。省级政府依法审批设立实施专科学历教育的高校，审批省级政府管理本科高校学士学位授予单位，审核硕士学位授予单位的硕士学位授予点和硕士专业学位授予点。核准地方高校的章程。完善实施地方"十二五"高等教育改革和发展规划。加大对地方高校的政策倾斜力度，根据区域经济社会发展需要，重点支持一批有特色高水平地方高校。推进国家示范性高等职业院校建设计划，重点建设一批特色高职学校。

2.《博士硕士学位授权审核办法》(2024年1月10日)

第12条 新增学位授予单位审核原则上只在普通高等学校范围内进行。根据事业发展需要，可在进行事业单位登记的科学研究机构中试点开展新增学位授予单位审核。从严控制新增学位授予单位数量。新增硕士学位授予单位以培养应用型人才为主。

第13条 省级学位委员会根据国家和区域经济社会发展对高层次人才的需求，确定本地区普通高等学校的博士、硕士和学士三级学位授予单位比例，制定本地区新增学位授予单位规划，确定立项建设单位，按照立项、建设、评估、验收的程序分批安排建设。建设期一般不少于3年。立项建设单位建设期满并通过验收后，可申请新增相应层次的学位授予单位。

第14条 新增学位授予单位需同时通过单位整体条件及一定数量相应级别学位点的审核，方可获批为学位授予单位。新增学位授予单位同时申请的新增学位点审核按本办法第十九条规定的程序进行。

第 15 条　新增学位授予单位审核的基本程序是：

（一）符合新增学位授予单位申请基本条件的单位向本地区省级学位委员会提出申请，报送材料。

（二）省级学位委员会对申请学校的资格和材料进行核查，将申请材料向社会进行不少于 5 个工作日的公示，并按有关规定对异议进行处理。

（三）省级学位委员会组织专家对符合申请条件的学校进行评议，并在此基础上召开省级学位委员会会议，研究提出拟新增学位授予单位的推荐名单，在经不少于 5 个工作日公示后，报国务院学位委员会。

（四）国务院学位委员会办公室组织专家对省级学位委员会推荐的拟新增学位授予单位进行评议，专家应在博士学位授权高校领导、国务院学位委员会学科评议组（以下简称学科评议组）召集人及秘书长、全国专业学位研究生教育指导委员会（以下简称专业学位教指委）主任委员与副主任委员及秘书长范围内选聘。获得 2/3（含）以上专家同意的确定为拟新增学位授予单位。

经省级学位委员会推荐的符合硕士学位授予单位申请基本条件的单位，经核查且无重大异议，可不进行评议并直接确定为拟新增硕士学位授予单位。

（五）国务院学位委员会办公室将拟新增学位授予单位名单向社会进行为期 10 个工作日的公示，并按有关规定对异议进行处理。

（六）国务院学位委员会审议批准新增学位授予单位。

第 16 条　学位授予单位要根据经济社会发展对人才培养的需求，不断优化博士硕士学位点结构。新增学位点原则上应为与经济社会发展密切相关、社会需求较大、培养应用型人才的学科或专业学位类别，同时重视发展具有重要文化价值和传承意义的"绝学"、冷门学科。其中新增硕士学位点以专业学位类别为主。

第 17 条 国务院学位委员会根据国家需求、研究生就业情况、研究生培养规模、教育资源配置等要素提出新增学位点调控意见。各省级学位委员会根据国务院学位委员会部署,结合本地区实际,制定本地区学位点申报指南。

第 18 条 博士学位授予单位可申请新增博士硕士学位点,硕士学位授予单位可申请新增硕士学位点。学位授予单位已转制为企业的,原则上不得申请新增学位点。

国务院学位委员会予以撤销的学位点(不包括学位点对应调整的),自撤销之日起 5 年内不得再申请新增为学位点。

第 19 条 新增博士硕士学位点的基本程序是:

(一)学位授予单位按照申报指南和学位点申请基本条件,确定申报的一级学科和专业学位类别,向本地区省级学位委员会提出申请,报送材料,并说明已有学位点的师资队伍与资源配置情况。

(二)省级学位委员会对学位授予单位的申请资格和申请材料进行核查,将申请材料向社会进行不少于 5 个工作日的公示,并按有关规定对异议进行处理。

(三)省级学位委员会根据学位点的类型,组织专家对符合申请基本条件的博士硕士学位点进行评议,专家组人员中应包括相应学科评议组成员或专业学位教指委委员。

(四)省级学位委员会在专家组评议基础上召开省级学位委员会会议,提出拟新增学位点的推荐名单,在经不少于 5 个工作日公示后,报国务院学位委员会。

(五)国务院学位委员会办公室组织专家对省级学位委员会推荐的拟新增博士学位点进行复审,复审分为网络评审和会议评审两个环节。网络评审由国务院学位委员会办公室组织同行专家开展。会议评审由国务院学位委员会办公室委托学科评议组或专业学位教指委开展,获得 2/3(含)以上专家同意的确定为拟新增学位点。

经省级学位委员会推荐的符合条件的硕士学位点，经核查且无重大异议，可不进行复审并直接确定为拟新增硕士学位点。

（六）国务院学位委员会办公室将拟新增学位点名单向社会进行为期10个工作日的公示，并按有关规定对异议进行处理。

（七）国务院学位委员会审议批准新增学位点。

**第十六条　自主审核**

符合条件的学位授予单位，经国务院学位委员会批准，可以自主开展增设硕士、博士学位授予点审核。自主增设的学位授予点，应当报国务院学位委员会审批。具体条件和办法由国务院学位委员会制定。

● **法　律**

1.《高等教育法》（2018年12月29日）

第35条　高等学校根据自身条件，自主开展科学研究、技术开发和社会服务。

国家鼓励高等学校同企业事业组织、社会团体及其他社会组织在科学研究、技术开发和推广等方面进行多种形式的合作。

国家支持具备条件的高等学校成为国家科学研究基地。

● **行政法规及文件**

2.《民办教育促进法实施条例》（2021年4月7日）

第29条　民办学校依照法律、行政法规和国家有关规定，自主开展教育教学活动；使用境外教材的，应当符合国家有关规定。

实施高等教育和中等职业技术学历教育的民办学校，可以按照办学宗旨和培养目标自主设置专业、开设课程、选用教材。

实施普通高中教育、义务教育的民办学校可以基于国家课程标准自主开设有特色的课程，实施教育教学创新，自主设置的课程应当报主管教育行政部门备案。实施义务教育的民办学校不得使用境外教材。

实施学前教育的民办学校开展保育和教育活动，应当遵循儿童身心发展规律，设置、开发以游戏、活动为主要形式的课程。

实施以职业技能为主的职业资格培训、职业技能培训的民办学校可以按照与培训专业（职业、工种）相对应的国家职业标准及相关职业培训要求开展培训活动，不得教唆、组织学员规避监管，以不正当手段获取职业资格证书、成绩证明等。

3.《国务院关于印发国家知识产权战略纲要的通知》（2008年6月5日）

（七）加强知识产权人才队伍建设。

（59）建立部门协调机制，统筹规划知识产权人才队伍建设。加快建设国家和省级知识产权人才库和专业人才信息网络平台。

（60）建设若干国家知识产权人才培养基地。加快建设高水平的知识产权师资队伍。设立知识产权二级学科，支持有条件的高等学校设立知识产权硕士、博士学位授予点。大规模培养各级各类知识产权专业人才，重点培养企业急需的知识产权管理和中介服务人才。

（61）制定培训规划，广泛开展对党政领导干部、公务员、企事业单位管理人员、专业技术人员、文学艺术创作人员、教师等的知识产权培训。

（62）完善吸引、使用和管理知识产权专业人才相关制度，优化人才结构，促进人才合理流动。结合公务员法的实施，完善知识产权管理部门公务员管理制度。按照国家职称制度改革总体要求，建立和完善知识产权人才的专业技术评价体系。

● 部门规章及文件

4.《教育部关于全面提高高等教育质量的若干意见》(2012 年 3 月 16 日)

（二十四）加强省级政府统筹。加大省级统筹力度，根据国家标准，结合各地实际，合理确定各类高等教育办学定位、办学条件、教师编制、生均财政拨款基本标准，合理设置和调整高校及学科专业布局。省级政府依法审批设立实施专科学历教育的高校，审批省级政府管理本科高校学士学位授予单位，审核硕士学位授予单位的硕士学位授予点和硕士专业学位授予点。核准地方高校的章程。完善实施地方"十二五"高等教育改革和发展规划。加大对地方高校的政策倾斜力度，根据区域经济社会发展需要，重点支持一批有特色高水平地方高校。推进国家示范性高等职业院校建设计划，重点建设一批特色高职学校。

5.《博士硕士学位授权审核办法》(2024 年 1 月 10 日)

第 20 条　国务院学位委员会根据研究生教育发展，有序推进学位授予单位自主审核博士硕士学位点改革，鼓励学位授予单位内涵发展、形成特色优势、主动服务需求、开展高水平研究生教育。自主审核单位原则上应是我国研究生培养和科学研究的重要基地，学科整体水平高，具有较强的综合办学实力，在国内外享有较高的学术声誉和社会声誉。

第 21 条　符合申请基本条件的学位授予单位可向省级学位委员会申请自主审核单位资格。省级学位委员会对申请材料进行核查后，将符合申请基本条件的学位授予单位报国务院学位委员会。国务院学位委员会办公室组织专家评议后，经国务院学位委员会全体会议同意，确定自主审核单位资格。

第 22 条　自主审核单位应制定本单位学位授权审核实施办法、学科建设与发展规划和新增博士硕士学位点审核标准，报国务院学位委员会办公室备案，并向社会公开。自主审核单位新增博士硕士学位点审核标准应高于国家相应学科或专业学位类别的申请基本条件。

第 23 条　自主审核单位须严格按照本单位自主审核实施办法和审核标准开展审核工作。对拟新增的学位点，应组织不少于 7 人的国内外同行专家进行论证。所有拟新增的学位点均须提交校学位评定委员会审议表决，获得全体委员 2/3（含）以上同意的视为通过。

自主审核单位可每年开展新增学位点审核，并于当年 10 月 31 日前，将本单位拟新增学位点经省级学位委员会报国务院学位委员会核准。

自主审核单位可每年申请撤销学位点，具体程序参照本条第一、二款执行，并可简化专家论证程序。

第 24 条　自主审核单位根据科学技术发展前沿趋势和经济社会发展需求，除按《研究生教育学科专业目录》自主设置学位点外，也可探索设置《研究生教育学科专业目录》之外的一级学科、交叉学科学位点或专业学位硕士点。此类学位点经国务院学位委员会批准后纳入国家教育统计。

第 25 条　自主审核单位应加强对新增学位点的质量管理。国务院学位委员会每 6 年对自主审核单位开展一次工作评估，对已不再符合申请基本条件的，取消其自主审核单位资格。

第 26 条　自主审核单位发生严重研究生培养质量或管理问题，或在学位授权点核验中出现学位点被评为"不合格"的，国务院学位委员会将取消其自主审核单位资格。

### 第十七条　优化设置

国家立足经济社会发展对各类人才的需求，优化学科结构和学位授予点布局，加强基础学科、新兴学科、交叉学科建设。

国务院学位委员会可以根据国家重大需求和经济发展、科技创新、文化传承、维护人民群众生命健康的需要，对相关学位授予点的设置、布局和学位授予另行规定条件和程序。

● 部门规章及文件
《交叉学科设置与管理办法（试行）》（2021年11月17日）

第4条 试点交叉学科设置由学位授权自主审核单位根据学科发展和人才需求自主开展。可通过学科交叉发展的，原则上不应设置为交叉学科。

第5条 交叉学科的设置须满足下列基本条件：

（一）具有新的、明确的研究对象以及需要通过多学科理论和方法交叉融合解决的新科学问题和现象，具有形成相对独立的理论、知识和方法体系的发展潜力；

（二）社会对该学科人才有一定规模的迫切需求，并具有稳定的需求发展趋势；

（三）具有结构合理的高水平教师队伍、相关学科基础扎实、人才培养条件优良，基本形成与培养目标相适应的研究生培养体系。

第6条 自主审核单位应根据学位授权自主审核工作的基本要求，遵循规范、科学、透明的原则，制订本单位试点交叉学科自主设置程序。设置程序必须包括以下环节：学位授权点建设主责院系提出书面申请、学位授权点管理部门初步审核、征求与交叉学科相关的其他学位授权点意见、按提纲编写论证报告、组织国内外同行专家论证、拟新增学位授权点校内公示、学位评定委员会审议、党委常委会会议研究决定、经省级学位委员会报国务院学位委员会批准。

第7条 根据国家重大需求，国务院学位委员会、教育部可引导支持学位授权自主审核单位开展有关交叉学科设置试点工作。

第 8 条 试点交叉学科清单由国务院学位委员会每年定期向社会公布。

第 9 条 试点交叉学科名称应科学规范、简练易懂，体现本学科内涵及特色，一般不超过 10 个汉字，不得与现有的学科名称相同或相似。试点交叉学科代码共 4 位，前两位为"99"，后两位为顺序号，从"01"开始顺排。

第 10 条 对不符合学科发展要求、社会需求严重不足、试点工作难以持续的试点交叉学科，学位授权自主审核单位应及时停止招生，学生毕业后按相关程序主动撤销，经省级学位委员会报国务院学位委员会取消授权。

第三章 目录编入与退出

第 11 条 试点交叉学科编入交叉学科门类目录，与学科专业目录修订工作同步进行，每 5 年修订一次。

第 12 条 交叉学科编入目录应符合以下基本条件：

（一）试点设置的自主审核单位达到一定数量且博士毕业生达到一定规模；

（二）已形成若干个相对稳定成熟的学科方向；

（三）已形成稳定的师资队伍、完善的课程体系与教材体系、成熟的培养机制、高水平的科研支撑和健全的质量保障机制；

（四）毕业学生的就业率和就业质量高，未来就业预期好。

第 13 条 交叉学科编入目录的论证工作包括以下环节：

（一）自主审核单位根据"新增交叉学科论证报告编写参考提纲"编制论证报告，按有关要求向国务院学位委员会提出列入目录申请；

（二）国务院学位委员会办公室组织相关学科评议组专家，对论证申请以无记名投票方式进行表决并提出评议意见。表决专家三分之二以上（含三分之二）同意为通过。对表决通过的申请，提交学科发展战略咨询委员会审议；

（三）学科发展战略咨询委员会召开专门会议，根据论证报告、专家评议意见和表决结果，对申请进行评议并以无记名投票方式表决，参加表决委员三分之二以上（含三分之二）同意为通过。表决通过的提交国务院学位委员会审批；

（四）国务院学位委员会审议批准后，编入交叉学科目录，并向社会公布。

第14条 批准编入目录的一级交叉学科代码为4位，前两位为"14"，后两位为顺序号，从"01"开始顺排。

第15条 对于不再符合科学技术发展趋势，社会需求萎缩的交叉学科，国务院学位委员会应按程序将其退出目录。退出目录的交叉学科，有关学位授予单位可结合本单位办学特色和学科优势，将其转为试点交叉学科或自设二级学科继续开展人才培养工作。

### 第四章　管理与监督

第16条 列入目录的交叉学科，学位授予单位按学位授权审核相关办法申请学位授权。

第17条 试点交叉学科由学位授权自主审核单位依程序审定该学科设置时所确定的学科门类（不含交叉学科门类）授予学位。列入目录的交叉学科，按该交叉学科在目录中规定的学科门类授予学位。

第18条 试点交叉学科的学位授予基本要求，由学位授权自主审核单位制定，应体现交叉学科特点和博士、硕士学位的质量要求。列入目录交叉学科的学位授予基本要求，由国务院学位委员会相关学科评议组制定。

第19条 试点交叉学科招生，由学位授权自主审核单位根据学科基础和人才培养目标，参照研究生招生考试科目设置与试题选用要求明确考试科目和基本要求。列入目录的交叉学科招生按教育部有关招生规定执行。

第 20 条　交叉学科应制定完善的研究生培养方案,明确培养要求,充分体现前瞻性和交叉学科特色,保障研究生培养质量。

第 21 条　所有交叉学科学位授权点须按规定参加周期性合格评估,可不参加专项合格评估,有关成果在评估中可与其他学科共享使用。试点交叉学科可不参加第三方组织的评估。

第 22 条　学位授予单位应创新交叉学科的建设、管理、保障机制,突出特色优势,聚焦特定重点领域发力,完善人员、成果、绩效的考核评价机制,推动交叉学科建设发展。要加强跟踪管理,定期对建设情况进行自我评估,通过适当方式向社会公开交叉学科建设和人才培养成效。

第 23 条　对列入目录的交叉学科,国务院学位委员会按一级学科设立学科评议组,承担相关工作。

## 第四章　学位授予条件

### 第十八条　学位申请人要求

学位申请人应当拥护中国共产党的领导,拥护社会主义制度,遵守宪法和法律,遵守学术道德和学术规范。

学位申请人在高等学校、科学研究机构学习或者通过国家规定的其他方式接受教育,达到相应学业要求、学术水平或者专业水平的,由学位授予单位分别依照本法第十九条至第二十一条规定的条件授予相应学位。

第十九条　学士学位

接受本科教育，通过规定的课程考核或者修满相应学分，通过毕业论文或者毕业设计等毕业环节审查，表明学位申请人达到下列水平的，授予学士学位：

（一）在本学科或者专业领域较好地掌握基础理论、专门知识和基本技能；

（二）具有从事学术研究或者承担专业实践工作的初步能力。

● 部门规章及文件

1.《国务院学位委员会、国家教育委员会关于整顿普通高等学校授予成人高等教育本科毕业生学士学位工作的通知》（1991年6月12日）

自国务院学位委员会于1988年在全国普通高等学校中开展授予成人高等教育本科毕业生（以下简称"成人本科毕业生"）学士学位工作以来，促进了成人高等教育质量的提高和多种类型、多种规格专门人才的培养。但是，也有一些学校没有按照国务院学位委员会《关于授予成人高等教育本科毕业生学士学位暂行规定》（以下简称《暂行规定》）的要求办事，在不同程度上存在着降格以求授予学位的现象。对此，国务院学位委员会办公室又于1989年11月发出《关于普通高等学校学士学位主管部门要切实做好授予成人高等教育本科毕业生学士学位工作的通知》（以下简称《通知》），再次强调了《暂行规定》的各项要求。然而，通知下发一年来，上述情况仍未得到根本改变。

一、当前普通高等学校授予成人本科毕业生学士学位工作存在的主要问题

（一）授予标准掌握不一，降格以求授予学位的现象较为严重。一些学校对外国语和政治理论课没有要求的成人本科毕业生

授予了学位。

（二）学位审核把握不严，追求高授予率的现象较为严重。一些学校不按《暂行规定》的要求办事，造成授予本校和外校成人本科毕业生学士学位的比例过高。

（三）部门职责分工不清，学位授予工作中没有理顺应有的管理体制。各省、自治区、直辖市（简称"地方"）和国务院各部委（简称"部委"）高等教育主管部门中，至今仍有相当一部分是由不分管学位工作的成人高教管理部门（职工教育处等，下同）主管所属普通高校授予成人本科毕业生学士学位的工作；普通高等学校中，至今也有相当一部分是由不分管学位工作的成人高教管理部门（成人教育处、成人教育学院或函授学院等，下同）主管学校授予成人本科毕业生学士学位的工作。

二、整顿的内容和要求

针对目前普通高校授予成人本科毕业生学士学位工作中存在的问题，应把整顿工作的重点放在统一思想认识、理顺管理体制和健全规章制度上。要通过整顿，使普通高校授予成人本科毕业生学士学位的工作进一步走上健康发展的道路。

（一）统一思想认识

1. 学士学位是我国学位结构中的一级十分重要的基础学位。授予普通和成人本科毕业生学士学位，都反映我国高等本科教育的学术水平，关系到国家和学校的声誉，必须严肃认真地做好学位授予工作。

2. 授予成人本科毕业生学士学位，必须坚持与授予普通本科毕业生学士学位基本相同的标准，即我国学位条例规定的学士学位获得者必须达到的水平。成人本科学历教育的办学形式可以多种多样，但授予学位的标准应该一致。

3. 授予成人本科毕业生学士学位，要坚决贯彻《暂行规定》关于择优授予的原则。对于基础理论、专门知识和基本技能以及外国语都掌握得比较好的成人本科毕业生，应当给他们提供一个申请学位的机会。

4. 成人本科毕业生只有履行学位申请手续，并通过能够反映学位申请者较好地掌握基础理论、专门知识和基本技能的外国语和其他课程的考试或考核，才能获得学士学位。

（二）理顺管理体制

1. 地方和部委高等教育主管部门中，授权分管高教学位工作的部门（如高教处、科研处、学位办）是主管所属普通高校授予成人本科毕业生学士学位工作的职能部门。

2. 有权授予学士学位的普通高校中，授权分管本科学士学位的工作部门（如教务处或学位办公室）是主管学校授予成人本科毕业生学士学位工作的职能部门。

3. 部委（含国家教委）所属普通高等学校授予成人本科毕业生学士学位的工作除接受本部门高等教育主管部门的领导外，还要接受所在地区各省、自治区、直辖市高等教育主管部门的指导。

4. 地方和部委高等教育主管部门和普通高等学校中，分管高教学士学位工作的职能部门和分管成人高教工作的管理部门要各司其职，密切配合，相互支持，共同做好整顿工作。

（三）健全规章制度

普通高等学校主管学士学位工作的职能部门要建立健全授予成人本科毕业生学士学位的各种规章制度：

1. 要建立受理成人高教管理部门择优推荐的成人本科毕业生申请学士学位的制度。学位申请者应符合以下条件：

（1）坚持四项基本原则，维护安定团结的政治局面，有良好的思想品德和政治表现。所在单位和成人高教管理部门应分别出具证明和推荐材料。

（2）在学期间本专业规定的公共课（政治理论课和外国语）、

基础理论课、专业基础课和专业课的平均成绩以及毕业论文（毕业设计或其他毕业实践环节）的成绩均达到良好。成人高教管理部门应出具推荐材料。

2. 要建立对学位申请者进行审核的制度。应严格按照《暂行规定》和《通知》精神办事。

3. 要建立对学位申请者进行外国语和其他课程考试或考核的制度。成人本科毕业生申请学士学位，必须参加由地方高等教育主管部门参照普通本科教育外国语教学大纲的要求统一命题和组织的外国语考试。

三、整顿的方法和步骤

整顿采取单位清理自查、部门整改检查、国家评估复查相结合的办法进行。

（一）单位清理自查

普通高等学校主管学士学位工作的职能部门应按本通知关于整顿的内容和要求进行一次全面的清理和自查，并针对本校所存在的问题提出处理意见和改进措施，同时写出清理自查的书面报告、填写所列附表。地方所属普通高校应将上述材料分别报送国务院学位委员会办公室和当地高等教育主管部门；部委所属普通高校应将上述材料分别报送国务院学位委员会办公室以及本部委和所在地方高等教育主管部门。报送书面报告和所列附表的截止日期为1991年10月底。从1992年起，普通高校应于当年1月底前，按附表三定期报送前一年授予成人本科毕业生学士学位人数统计表，今年补报1988年、1989年和1990年的统计表。

（二）部门整改检查

地方和部委高等教育主管部门应在进行清理自查的基础上，对所属普通高等学校授予成人本科毕业生学士学位的清理自查工作进行认真的整改检查。要明确一位主管普通高教学位工作的职能部门负责同志分管整改检查工作。要一所学校一所学校地进行，发现问题，及时解决。

1. 整改检查必须达到以下要求：

（1）地方和部委高等教育主管部门对自身的清理自查工作，特别对存在的问题应提出明确具体的整改措施；

（2）地方高等教育主管部门已经做好对本地区学士学位申请者进行外国语考试的准备工作；

（3）地方和部委高等教育主管部门已经逐个对其所属普通高等学校授予成人本科毕业生学士学位的工作进行整改检查，做到统一思想认识、理顺管理体制、健全规章制度；

（4）地方和部委高等教育主管部门已经采取措施，切实加强对本地区和本部门普通高校授予成人本科毕业生学士学位工作的领导和管理。

地方和部委高等教育主管部门应根据上述要求写出整改检查的书面报告、填写所列附表，于1991年12月底前将上述材料分别报送国务院学位委员会办公室和国家教育委员会学位办公室。

2. 授权地方高等教育主管部门加强管理。

为了对同一地区所有普通高校授予成人本科毕业生学士学位的工作进行统一管理和统一平衡，为了便于各省、自治区、直辖市高等教育主管部门对本地区学位申请者进行外国语统一命题和组织考试，为了避免同一地区普通高校追求高授予率的现象继续发生，国务院学位委员会授权各地方高等教育主管部门切实加强对本地区普通高校（含部委所属普通高校）授予成人本科毕业生学士学位工作的管理：

（1）地方高等教育主管部门除了加强对所属普通高校授予成人本科毕业生学士学位工作的领导，还要加强对国务院各部委（含国家教委）所属普通高校授予成人本科毕业生学士学位工作的指导。

（2）地方高等教育主管部门应参照普通本科外国语教学大纲

的要求，对本地区申请学士学位的成人本科毕业生统一进行外国语命题并组织考试。

（3）地方高等教育主管部门应督促本地区普通高校建立健全授予成人本科毕业生学士学位的各项规章制度。

（4）地方高等教育主管部门要不断总结交流本地区普通高校授予成人本科毕业生学士学位的工作经验，定期对本地区普通高校授予成人本科毕业生学士学位的质量进行检查和评估。凡是不按本通知要求清理自查、不接受整改检查的本地区普通高校，地方高等教育主管部门有权责令其限期改正；对于拒不改正的本地区普通高校，地方高等教育主管部门有权向国务院学位委员会提出暂停其开展授予成人本科毕业生学士学位工作的建议。

（5）地方高等教育主管部门应与各有关部委高等教育主管部门密切配合，要相互尊重和相互支持，共同做好学士学位的授予工作。

（三）国家抽样复查

国务院学位委员会办公室和国家教育委员会学位办公室将对各地方和部委的整改检查工作进行评估复查，并进行不定期的抽查。

1. 继续帮助地方高等教育主管部门整顿好本地区普通高校授予成人本科毕业生学士学位的工作，总结推广好的经验。要把整顿工作逐步引导到对地方高等教育主管部门的评估复查上。国务院学位委员会将对各地方高等教育主管部门的整改检查工作进行不定期的抽查评估。

2. 通过评估复查，凡是不按本通知要求进行整改检查的地方和部委高等教育主管部门，国务院学位委员会办公室将要求其限期改正；拒不改正的将予以通报批评，直至暂停在本地区和本部门继续开展授予成人本科毕业生学士学位的工作。

以上通知，望遵照执行。

**2.《国务院学位委员会办公室关于做好本科层次职业学校学士学位授权与授予工作的意见》（2021年11月18日）**

各省、自治区、直辖市学位委员会，新疆生产建设兵团学位委员会，军队学位委员会：

经国务院学位委员会审议通过，为贯彻全国职业教育大会精神和《国家职业教育改革实施方案》要求，指导省级学位委员会、本科层次职业学校做好本科层次职业教育学士学位授权与授予工作，突出职业教育特色，确保本科层次职业教育授予学士学位质量，促进本科层次职业教育高质量稳步发展，提出如下意见：

一、本科层次职业教育学士学位授权、授予、管理和质量监督按照《中华人民共和国学位条例》《中华人民共和国学位条例暂行实施办法》《学士学位授权与授予管理办法》执行。

二、申报本科层次职业教育学士学位授权的学校须为教育部批准的本科层次职业学校。具有本科层次职业教育学士学位授予权的学校可开展本科层次职业教育学士学位授予工作。

三、省级学位委员会负责本区域（系统）的本科层次职业教育学士学位授权审批工作，应及时修订学士学位授权审核办法，突出本科层次职业教育育人特色，明确本科层次职业教育学士学位授权相关要求。

四、省级学位委员会应制定本科层次职业教育学士学位授权单位、授权专业申请基本条件，条件应遵循职业教育办学规律，涵盖办学定位、师资队伍、人才培养、办学条件、管理制度等内容。申请基本条件不得低于教育部颁布的本科层次职业学校设置标准和本科层次职业教育专业设置标准。

五、本科层次职业教育学士学位按学科门类授予。教育部在颁布本科层次职业教育专业目录时，应明确专业归属的学科门类。本科层次职业教育专业目录的专业名称、代码、归属的学科门类发生变动时，省级学位委员会应对授权进行相应调整。

六、本科层次职业教育学士学位授予单位应制定本单位的学位授予程序。主要程序是：审查是否符合学士学位授予标准，符合标准的列入学士学位授予名单，学校学位评定委员会作出是否批准的决议。学校学位评定委员会表决通过的决议和学士学位授予名单应在校内公开，并报省级学位委员会备查。

七、本科层次职业教育学士学位授予单位应制定本单位的学士学位授予标准。学位授予标准应落实立德树人根本任务，坚持正确育人导向，强化思想政治要求，突出职业能力和职业素养水平，符合《中华人民共和国学位条例》及其暂行实施办法的规定。

八、本科层次职业教育暂不开展第二学士学位、辅修学士学位、双学士学位复合型人才培养项目、联合学士学位、高等学历继续教育学士学位的授予工作。

九、本科层次职业教育学士学位证书和学位授予信息按照《学位证书和学位授予信息管理办法》《学位授予信息管理工作规程》执行。

十、本科层次职业教育学士学位授予单位应建立学士学位管理和质量保障的相关规章制度，依法依规开展学士学位授予工作，确保本科层次职业教育学士学位授予质量。省级学位委员会应加强对本区域（系统）本科层次职业教育学士学位授予单位的统筹指导和质量监督，不断提升其开展学士学位授予工作的能力和水平。

**3.《学士学位授权与授予管理办法》**（2019年7月9日）

第4条 学士学位授权分为新增学士学位授予单位授权和新增学士学位授予专业授权。

第5条 普通高等学校的学士学位授权按属地原则由省（区、市）学位委员会负责审批。军队院校的学士学位授权由军队学位委员会负责审批。

第6条　省（区、市）学位委员会、军队学位委员会（以下简称为"省级学位委员会"）应制定学士学位授权审核标准。审核标准应明确办学方向、师资队伍、基本条件、课程设置、教学方式、管理制度等要求，不低于本科院校设置标准和本科专业设置标准。

第7条　省级学位委员会应制定学士学位授权审核办法，完善审批程序。审核工作应加强与院校设置、专业设置等工作的衔接。

第8条　经教育部批准设置的普通高等学校，原则上应在招收首批本科生的当年，向省级学位委员会提出学士学位授予单位授权申请。

经教育部批准或备案的新增本科专业，学士学位授予单位原则上应在本专业招收首批本科生的当年，向省级学位委员会提出学士学位授予专业授权申请。

第9条　学士学位授予单位撤销的授权专业应报省级学位委员会备案。已获得学士学位授权的专业停止招生五年以上的，视为自动放弃授权，恢复招生的须按照新增本科专业重新申请学士学位授权。

第10条　省级学位委员会可组织具有博士学位授予权的高等学校，开展本科专业的学士学位授权自主审核工作，审核结果由省级学位委员会批准。

第11条　学士学位应按学科门类或专业学位类别授予。授予学士学位的学科门类应符合学位授予学科专业目录的规定。本科专业目录中规定可授多个学科门类学位的专业，学士学位授予单位应按教育部批准或备案设置专业时规定的学科门类授予学士学位。

第12条　学士学位授予单位应制定本单位的学士学位授予标准，学位授予标准应落实立德树人根本任务，坚持正确育人导向，强化思想政治要求，符合《中华人民共和国学位条例》及其暂行实施办法的规定。

第 13 条 学士学位授予单位应明确本单位的学士学位授予程序。

（一）普通高等学校授予全日制本科毕业生学士学位的程序主要是：审查是否符合学士学位授予标准，符合标准的列入学士学位授予名单，学校学位评定委员会作出是否批准的决议。学校学位评定委员会表决通过的决议和学士学位授予名单应在校内公开，并报省级学位委员会备查。

（二）普通高等学校授予高等学历继续教育本科毕业生学士学位的程序应与全日制本科毕业生相同。授予学士学位的专业应是本单位已获得学士学位授权并正在开展全日制本科生培养的专业。学校学位评定委员会办公室应会同学校教务部门提出学位课程基本要求，共同组织或委托相关省级教育考试机构组织高等学历继续教育本科毕业生学业水平测试，对通过测试的接受其学士学位申请。

（三）具有学士学位授予权的成人高等学校，授予学士学位的程序应符合本条第一款和第二款规定。

第 14 条 具有学士学位授予权的普通高等学校，可向本校符合学位授予标准的全日制本科毕业生授予辅修学士学位。授予辅修学士学位应制定专门的实施办法，对课程要求及学位论文（或毕业设计）作出明确规定，支持学有余力的学生辅修其他本科专业。辅修学士学位应与主修学士学位归属不同的本科专业大类，对没有取得主修学士学位的不得授予辅修学士学位。辅修学士学位在主修学士学位证书中予以注明，不单独发放学位证书。

第 15 条 具有学士学位授予权的普通高等学校，可在本校全日制本科学生中设立双学士学位复合型人才培养项目。项目必须坚持高起点、高标准、高质量，所依托的学科专业应具有博士学位授予权，且分属两个不同的学科门类。项目须由专家进行论证，应有专门的人才培养方案，经学校学位评定委员会表决通过、学校党委常委会会议研究同意，并报省级学位委员会审批通过后，通过高考招收学生。本科毕业并达到学士学位要求的，可授予双学士学位。双学士学位只发放一本学位证书，所授两个学位应在证书中予以注明。

第16条 具有学士学位授予权的普通高等学校之间，可授予全日制本科毕业生联合学士学位。联合学士学位应根据校际合作办学协议，由合作高等学校共同制定联合培养项目和实施方案，报合作高等学校所在地省级学位委员会审批。联合培养项目所依托的专业应是联合培养单位具有学士学位授权的专业，通过高考招收学生并予以说明。授予联合学士学位应符合联合培养单位各自的学位授予标准，学位证书由本科生招生入学时学籍所在的学士学位授予单位颁发，联合培养单位可在证书上予以注明，不再单独发放学位证书。

第17条 学士学位授予单位可按一定比例对特别优秀的学士学位获得者予以表彰，并颁发相应的荣誉证书或奖励证书。

第二十条 硕士学位

接受硕士研究生教育，通过规定的课程考核或者修满相应学分，完成学术研究训练或者专业实践训练，通过学位论文答辩或者规定的实践成果答辩，表明学位申请人达到下列水平的，授予硕士学位：

（一）在本学科或者专业领域掌握坚实的基础理论和系统的专门知识；

（二）学术学位申请人应当具有从事学术研究工作的能力，专业学位申请人应当具有承担专业实践工作的能力。

● **部门规章及文件**

1. 《博士硕士学位授权审核办法》(2024年1月10日)

第12条 新增学位授予单位审核原则上只在普通高等学校范围内进行。根据事业发展需要，可在进行事业单位登记的科学研究机构中试点开展新增学位授予单位审核。从严控制新增学位授予单位数量。新增硕士学位授予单位以培养应用型人才为主。

第13条 省级学位委员会根据国家和区域经济社会发展对高层次人才的需求，确定本地区普通高等学校的博士、硕士和学士三级学位授予单位比例，制定本地区新增学位授予单位规划，确定立项建设单位，按照立项、建设、评估、验收的程序分批安排建设。建设期一般不少于3年。立项建设单位建设期满并通过验收后，可申请新增相应层次的学位授予单位。

第18条 博士学位授予单位可申请新增博士硕士学位点，硕士学位授予单位可申请新增硕士学位点。学位授予单位已转制为企业的，原则上不得申请新增学位点。

国务院学位委员会予以撤销的学位点（不包括学位点对应调整的），自撤销之日起5年内不得再申请新增为学位点。

第19条 新增博士硕士学位点的基本程序是：

（一）学位授予单位按照申报指南和学位点申请基本条件，确定申报的一级学科和专业学位类别，向本地区省级学位委员会提出申请，报送材料，并说明已有学位点的师资队伍与资源配置情况。

（二）省级学位委员会对学位授予单位的申请资格和申请材料进行核查，将申请材料向社会进行不少于5个工作日的公示，并按有关规定对异议进行处理。

（三）省级学位委员会根据学位点的类型，组织专家对符合申请基本条件的博士硕士学位点进行评议，专家组人员中应包括相应学科评议组成员或专业学位教指委委员。

（四）省级学位委员会在专家组评议基础上召开省级学位委员会会议，提出拟新增学位点的推荐名单，在经不少于5个工作日公示后，报国务院学位委员会。

（五）国务院学位委员会办公室组织专家对省级学位委员会推荐的拟新增博士学位点进行复审，复审分为网络评审和会议评审两个环节。网络评审由国务院学位委员会办公室组织同行专家开展。会议评审由国务院学位委员会办公室委托学科评议组或专业学位教指委开展，获得2/3（含）以上专家同意的确定为拟新增学位点。

经省级学位委员会推荐的符合条件的硕士学位点，经核查且无重大异议，可不进行复审并直接确定为拟新增硕士学位点。

（六）国务院学位委员会办公室将拟新增学位点名单向社会进行为期10个工作日的公示，并按有关规定对异议进行处理。

（七）国务院学位委员会审议批准新增学位点。

**第20条** 国务院学位委员会根据研究生教育发展，有序推进学位授予单位自主审核博士硕士学位点改革，鼓励学位授予单位内涵发展、形成特色优势、主动服务需求、开展高水平研究生教育。自主审核单位原则上应是我国研究生培养和科学研究的重要基地，学科整体水平高，具有较强的综合办学实力，在国内外享有较高的学术声誉和社会声誉。

**第21条** 符合申请基本条件的学位授予单位可向省级学位委员会申请自主审核单位资格。省级学位委员会对申请材料进行核查后，将符合申请基本条件的学位授予单位报国务院学位委员会。国务院学位委员会办公室组织专家评议后，经国务院学位委员会全体会议同意，确定自主审核单位资格。

**第22条** 自主审核单位应制定本单位学位授权审核实施办法、学科建设与发展规划和新增博士硕士学位点审核标准，报国务院学位委员会办公室备案，并向社会公开。自主审核单位新增博士硕士学位点审核标准应高于国家相应学科或专业学位类别的申请基本条件。

第 23 条 自主审核单位须严格按照本单位自主审核实施办法和审核标准开展审核工作。对拟新增的学位点，应组织不少于 7 人的国内外同行专家进行论证。所有拟新增的学位点均须提交校学位评定委员会审议表决，获得全体委员 2/3（含）以上同意的视为通过。

自主审核单位可每年开展新增学位点审核，并于当年 10 月 31 日前，将本单位拟新增学位点经省级学位委员会报国务院学位委员会核准。

自主审核单位可每年申请撤销学位点，具体程序参照本条第一、二款执行，并可简化专家论证程序。

第 24 条 自主审核单位根据科学技术发展前沿趋势和经济社会发展需求，除按《研究生教育学科专业目录》自主设置学位点外，也可探索设置《研究生教育学科专业目录》之外的一级学科、交叉学科学位点或专业学位硕士点。此类学位点经国务院学位委员会批准后纳入国家教育统计。

第 25 条 自主审核单位应加强对新增学位点的质量管理。国务院学位委员会每 6 年对自主审核单位开展一次工作评估，对已不再符合申请基本条件的，取消其自主审核单位资格。

第 26 条 自主审核单位发生严重研究生培养质量或管理问题，或在学位授权点核验中出现学位点被评为"不合格"的，国务院学位委员会将取消其自主审核单位资格。

第 28 条 本省（区、市）研究生教育存在下列情况之一的，国务院学位委员会可限制其所属单位新增学位授权。

（一）研究生生均财政拨款较低；

（二）研究生奖助经费未能按照国家有关要求落实。

第 29 条 学位授予单位应慎重提出新增学位授权申请。未能获批的新增学位授予单位、新增学位点申请，不得在下一次学位授权审核工作中重复提出。

第30条　学位授予单位应实事求是地填写申报材料，严格遵守评审纪律。对材料弄虚作假、违反工作纪律的学位授予单位，取消其当年申请资格，并予以通报批评。

第31条　省级学位委员会应加强本地区学位与研究生教育统筹，科学规划学位授予单位和学位点建设，不断优化布局，根据本区域经济社会发展对高层次人才的需求，加强指导，督导学位授予单位自律，引导学位授予单位特色发展、提高质量、服务需求。严格按照学位授予单位和学位点申请基本条件进行审核，保证质量。

第32条　国务院学位委员会办公室组织对各省（区、市）学位授权审核工作进行督查，对违反本办法规定与程序、不按申请基本条件开展学位授权审核、不能保证工作质量的省级学位委员会，将进行约谈、通报批评，情节严重的将暂停该地区学位授权审核工作。

2.《教育部关于深入推进学术学位与专业学位研究生教育分类发展的意见》（2023年11月24日）

各省、自治区、直辖市教育厅（教委），新疆生产建设兵团教育局，有关部门（单位）教育司（局），部属各高等学校、部省合建各高等学校：

为深入贯彻落实党的二十大精神，落实习近平总书记关于教育的重要论述和研究生教育工作的重要指示精神，深入推进学术学位与专业学位研究生教育分类发展、融通创新，着力提升拔尖创新人才自主培养质量，建设高质量研究生教育体系，现提出如下意见。

一、总体思路

1. 指导思想。以习近平新时代中国特色社会主义思想为指导,全面贯彻党的二十大精神,深入贯彻落实全国教育大会和全国研究生教育会议精神,推进教育强国建设,落实立德树人根本任务,遵循学位与研究生教育规律,坚持学术学位与专业学位研究生教育两种类型同等地位、同等重要,以提高拔尖创新人才自主培养质量为目标,以深化科教融汇、产教融合为方向,以强化两类学位在定位、标准、招生、培养、评价、师资等环节的差异化要求为路径,以重点领域分类发展改革为突破,推动学术创新型人才和实践创新型人才分类培养,健全中国特色学位与研究生教育体系,为加快建设教育强国、科技强国、人才强国提供更有力支撑。

2. 基本原则。问题导向,聚焦制约两类学位研究生教育分类发展的关键问题,提出针对性政策举措,增强改革的实效性。尊重规律,坚持先立后破、稳中求进,注重对现有人才培养过程的改造升级,增强改革的可操作性。整体推进,加强人才培养的全链条、各环节改革措施的衔接配合,增强改革的系统性。机制创新,大力推动培养单位内部体制机制改革,提升人才培养链、工作管理链的匹配度,增强改革的长效性。

3. 总体目标。到2027年,培养单位内部有利于两类学位研究生教育分类发展、融通创新的长效机制更加完善,两类教育各具特色、齐头并进的格局全面形成,学术创新型人才和实践创新型人才的培养质量进一步提高,学位与研究生教育的治理体系持续完善、治理能力显著提升,推动教育强国建设取得重大进展。

二、始终坚持学术学位与专业学位研究生教育两种类型同等地位

4. 坚持两类学位同等重要。学术学位与专业学位研究生教育都是国家培养高层次创新型人才的重要途径,都应把研究生的坚实基础理论、系统专门知识、创新精神和创新能力作为重点。学术学位依托一级学科培养并按门类授予学位,重在面向知识创新

发展需要，培养具备较高学术素养、较强原创精神、扎实科研能力的学术创新型人才。专业学位按专业学位类别培养并授予学位，重在面向行业产业发展需要，培养具备扎实系统专业基础、较强实践能力、较高职业素养的实践创新型人才。培养单位应提高认识，在招生、培养、就业等方面对两类学位予以同等重视，保证两类学位研究生的培养质量。

5. 分类规划两类学位发展。完善两类学位的设置、布局、规模和结构。一级学科设置主要依据知识体系划分，宜宽不宜窄，应相对稳定。专业学位类别设置主要依据行业产业人才需求，突出精准，应相对灵活。在研究生教育学科专业目录中实行"并表"，统筹一级学科、专业学位类别设置并归入相应学科门类下，新设学科专业以专业学位类别为主。学术学位坚持高起点布局，重点布局博士学位授权点，以大力支撑原始创新。专业学位坚持需求导向，新增硕士学位授予单位原则上只开展专业学位研究生教育，新增硕士学位授权点以专业学位授权点为主，同时具有学术学位与专业学位的领域侧重布局专业学位授权点，以全面支撑行业产业和区域发展。紧密对接国家高水平人才高地和吸引集聚人才平台建设规划，围绕京津冀协同发展、长江经济带发展、长三角一体化建设、粤港澳大湾区建设、成渝地区双城经济圈、东北振兴等国家发展战略，支持区域加大统筹力度，建设若干人才集聚平台，主动优化学科专业结构。以国家重大战略、关键领域和社会重大需求为重点，进一步提升专业学位研究生比例，到"十四五"末将硕士专业学位研究生招生规模扩大到硕士研究生招生总规模的三分之二左右，大幅增加博士专业学位研究生招生数量。

三、深入打造学术学位与专业学位研究生教育分类培养链条

6. 分类完善人才选拔机制。优化人才选拔标准，学术学位重点考核考生对学科知识的掌握与运用情况以及考生的学术创新潜

力；专业学位重点考核考生的综合实践素质、运用专业知识分析解决实际问题能力以及职业发展潜力。在保证质量前提下充分发挥非全日制专业学位在继续教育中的作用。支持有条件的培养单位进一步扩大推荐免试（初试）招收专业学位研究生的规模，选拔具备较高创新创业潜质的应届本科毕业生。在专业学位招生中，鼓励增加一定比例具有行业产业实践经验的专家参加复试（面试）专家组。探索完善学生在学术学位与专业学位间互通学习的"立交桥"。

7. 分类优化培养方案。学术学位的培养方案应突出教育教学的理论前沿性，厚植理论基础，拓宽学术视野，强化科学方法训练以及学术素养提升，鼓励学科交叉，在多种形式的学术研讨交流、科研任务中提升科学求真的原始创新能力，注重加强学术学位各学段教学内容纵向衔接和各门课程教学内容横向配合。专业学位应突出教育教学的职业实践性，强调基础课程和行业实践课程的有机结合，注重实务实操类课程建设，提倡采用案例教学、专业实习、真实情境实践等多种形式，提升解决行业产业实际问题的能力，并在实践中提炼科学问题。培养单位应参照全国专业学位研究生教育指导委员会（以下简称专业学位教指委）发布的指导性培养方案制定本单位的专业学位培养方案，支持与行业产业部门共同制定体现专业特色的培养方案，增加实践环节学分，明确实践课程比例，设置专业学位专属课程，加强专业学位研究生教育核心课程建设，推进课程设置与专业技术能力考核的有机衔接。完善课程体系改进机制，规范两类学位间的课程分类设置与审查，优化监督机制，加强教育教学质量评价。

8. 分类加强教材建设。学术学位教材应充分反映本学科领域的最新知识及科研进展，有利于实施研究性教学和启发学术创新思维，引导学生开展自主性学习和探究性学习。专业学位教材应充分反映本行业产业的最新发展趋势和实践创新成果，要将真实项目、典型工作任务、优秀教学案例等纳入专业核心教材，支持与行业产业部门共同编写核心教材，做好案例征集、开发及教学，加强案例库建设，将职业标准、执业资格、职业伦理等有关内容要求有机融入教材。学科评议组、专业学位教指委负责组织编写、修订、推荐本学科专业领域的核心教材。

9. 分类健全培养机制。学术学位应强化科教融汇协同育人，进一步发挥国家重大科研项目、重大科研平台在育人中的重要支撑作用，加强与国家实验室和行业产业一线的联合培养，鼓励以跨学科、交叉融合、知识整合方式开展高层次人才培养。专业学位应强化产教融合协同育人，将人才培养与用人需求紧密对接，深入建设专业学位联合培养基地，强化专业学位类别与相应职业资格认证的衔接机制，完善行业产业部门参与专业学位人才培养的准入标准及监测评价，确保协同育人基本条件与成效。完善研究生学业预警和分流退出机制，根据学生培养实际定期进行学业预警，对不适合继续攻读所在学科专业的研究生及时分流退出，保证研究生培养质量。

10. 分类推进学位论文评价改革。依据两类学位的知识理论创新、综合解决实际问题的能力水平要求和学术规范、科学伦理与职业伦理规范，分类制订学位论文基本要求和规范、评阅标准和规则及核查办法。优化交叉学科、专业学位论文评审和抽检评议要素（指标体系）。专业学位教指委研究编写各专业学位类别的《博士、硕士学位论文基本要求》，重点考核独立解决专业领域实际问题的能力。鼓励对专业学位实行多元学位论文或实践成果考核方式（专题研究类论文、调研报告、案例分析报告、产品设计/作品创作、方案设计等），明确写作规范，建立行业产业专家参与的评审机制。支持为交叉学科、专业学位单独设置学位评定分委员会，专业学位评定分委员会可邀请行业产业专家参加。

11. 分类建设导师队伍。强化导师分类管理，完善导师分类评聘与考核制度。符合条件的教师可以同时担任学术学位导师和专业学位导师。专业学位应健全校外导师参加的双导师或导师组制度，完善校外导师和行业产业专家库，制定校外导师评聘标准及政策，明确校外导师责权边界，开展校外导师培训。鼓励建立导师学术休假制度，学术学位导师应定期在国内外访学交流，专业学位校内导师每年应有一定时间到行业产业一线开展调研实践；专业学位合作培养单位应支持校外导师定期参与高校教育教学，促进校内外导师合作交流的双向互动。

四、大力推进重点领域的分类发展改革实现率先突破

12. 以基础学科博士生培养为重点推进学术学位研究生教育改革。立足培养未来学术领军人才，支持具备条件的高水平研究型大学开展基础学科人才培养改革试点，把基础学科主要定位于培养学术学位博士生，进一步提高直博生比例，对学习过程中不适合继续攻读博士学位且符合相应条件的，可只授予学术硕士学位或转为攻读专业硕士学位。支持培养单位加大资助力度，加强与强基计划、基础学科拔尖学生培养计划等的衔接，吸引具有推免资格的优秀本科毕业生攻读基础学科的硕士、博士。支持培养单位完善中央高校基本科研业务费使用机制，实现对基础学科优秀博士生的长周期稳定支持。试点建设基础学科高层次人才培养中心。

13. 以卓越工程师培养为牵引深化专业学位研究生教育改革。瞄准国家战略布局和急需领域，完善高校、科研机构工程专业学位硕士、博士学位授权点布局；创新高校与国家实验室、科研机构、科技企业、产业园区的联合培养机制，纳入符合条件的企业、国家实验室、科研机构、科技园区课程并认定学分，探索开展全日制专业学位研究生订单式培养、项目制培养；打造实践能力导向型的工程专业学位硕士、博士培养"样板间"，大力推动工程专业学位硕博士培养改革试点，全面推进卓越工程师培养改

革。布局部分高校和中央企业共建一批国家卓越工程师学院，探索人才培养体系重构、流程再造、能力重塑、评价重建；依托学院、校企联合建设配套的工程师技术中心，打造类企业级别的仿真环境和工程技术实践平台；完善校企导师选聘、考核和激励机制，重构校企双导师队伍；强化突出实践能力培养的核心课程建设，推进工学交替培养机制，实施有组织的科研和人才培养，全面推动各专业学位结合自身特点深化改革创新。

五、加强学术学位与专业学位研究生教育分类发展的组织保障

14. 落实培养单位责任。培养单位应加强对学术学位与专业学位研究生教育分类发展工作的研究部署，确保正确育人方向，完善推动两类学位分类发展的政策举措和质量保障体系。健全单位内部覆盖机构、人员、制度、经费等要素的治理体系和运行管理机制，强化分类管理、分类指导、分类保障。具备条件的培养单位可为专业学位独立设置院系或培养机构，提供经费支持，聘任具有丰富行业产业经验的人员担任负责人，为专业学位发展创造更好环境。支持培养单位探索完善将学术学位与专业学位课堂授课、实践教学情况作为专业技术职务评聘因素的机制办法。

15. 加强部门政策支撑。强化学术学位与专业学位硕士、博士学位授权点的分类审核与评价，学术学位授权点突出高水平师资和科研的支撑，专业学位授权点把校外导师、联合培养基地等作为必要条件。完善政府投入为主、受教育者合理分担、其他多种渠道筹措经费的投入机制，加大财政对学术学位特别是基础学科的投入；完善差异化生均拨款机制，进一步完善专业学位培养成本分摊机制，健全学费标准动态调整机制，激励行业产业部门以多种形式投入专业学位研究生教育。充分发挥教育信息化的战略制高点作用，着力推进学位与研究生教育资源数字化建设。统筹"双一流"建设、学科评估和专业学位评估，充分发挥专家组

织、学会、协会作用，完善多元主体参与的两类学位建设质量分类评价和认证机制。积极开展国际实质等效的教育质量认证，推进相关交流合作，促进中国学位标准走出去，不断提升国际影响力。

#### 第二十一条　博士学位

接受博士研究生教育，通过规定的课程考核或者修满相应学分，完成学术研究训练或者专业实践训练，通过学位论文答辩或者规定的实践成果答辩，表明学位申请人达到下列水平的，授予博士学位：

（一）在本学科或者专业领域掌握坚实全面的基础理论和系统深入的专门知识；

（二）学术学位申请人应当具有独立从事学术研究工作的能力，专业学位申请人应当具有独立承担专业实践工作的能力；

（三）学术学位申请人应当在学术研究领域做出创新性成果，专业学位申请人应当在专业实践领域做出创新性成果。

● 部门规章及文件

1.《博士硕士学位授权审核办法》（2024年1月10日）

第12条　新增学位授予单位审核原则上只在普通高等学校范围内进行。根据事业发展需要，可在进行事业单位登记的科学研究机构中试点开展新增学位授予单位审核。从严控制新增学位授予单位数量。新增硕士学位授予单位以培养应用型人才为主。

第13条　省级学位委员会根据国家和区域经济社会发展对高层次人才的需求，确定本地区普通高等学校的博士、硕士和学士三级学位授予单位比例，制定本地区新增学位授予单位规划，确定立项建设单位，按照立项、建设、评估、验收的程序分批安排建设。建设期一般不少于3年。立项建设单位建设期满并通过验收后，可申请新增相应层次的学位授予单位。

第14条　新增学位授予单位需同时通过单位整体条件及一定数量相应级别学位点的审核，方可获批为学位授予单位。新增学位授予单位同时申请的新增学位点审核按本办法第十九条规定的程序进行。

第15条　新增学位授予单位审核的基本程序是：

（一）符合新增学位授予单位申请基本条件的单位向本地区省级学位委员会提出申请，报送材料。

（二）省级学位委员会对申请学校的资格和材料进行核查，将申请材料向社会进行不少于5个工作日的公示，并按有关规定对异议进行处理。

（三）省级学位委员会组织专家对符合申请条件的学校进行评议，并在此基础上召开省级学位委员会会议，研究提出拟新增学位授予单位的推荐名单，在经不少于5个工作日公示后，报国务院学位委员会。

（四）国务院学位委员会办公室组织专家对省级学位委员会推荐的拟新增学位授予单位进行评议，专家应在博士学位授权高校领导、国务院学位委员会学科评议组（以下简称学科评议组）召集人及秘书长、全国专业学位研究生教育指导委员会（以下简称专业学位教指委）主任委员与副主任委员及秘书长范围内选聘。获得2/3（含）以上专家同意的确定为拟新增学位授予单位。

经省级学位委员会推荐的符合硕士学位授予单位申请基本条件的单位，经核查且无重大异议，可不进行评议并直接确定为拟新增硕士学位授予单位。

（五）国务院学位委员会办公室将拟新增学位授予单位名单向社会进行为期10个工作日的公示，并按有关规定对异议进行处理。

（六）国务院学位委员会审议批准新增学位授予单位。

第16条　学位授予单位要根据经济社会发展对人才培养的

需求，不断优化博士硕士学位点结构。新增学位点原则上应为与经济社会发展密切相关、社会需求较大、培养应用型人才的学科或专业学位类别，同时重视发展具有重要文化价值和传承意义的"绝学"、冷门学科。其中新增硕士学位点以专业学位类别为主。

第17条　国务院学位委员会根据国家需求、研究生就业情况、研究生培养规模、教育资源配置等要素提出新增学位点调控意见。各省级学位委员会根据国务院学位委员会部署，结合本地区实际，制定本地区学位点申报指南。

第18条　博士学位授予单位可申请新增博士硕士学位点，硕士学位授予单位可申请新增硕士学位点。学位授予单位已转制为企业的，原则上不得申请新增学位点。

国务院学位委员会予以撤销的学位点（不包括学位点对应调整的），自撤销之日起5年内不得再申请新增为学位点。

第19条　新增博士硕士学位点的基本程序是：

（一）学位授予单位按照申报指南和学位点申请基本条件，确定申报的一级学科和专业学位类别，向本地区省级学位委员会提出申请，报送材料，并说明已有学位点的师资队伍与资源配置情况。

（二）省级学位委员会对学位授予单位的申请资格和申请材料进行核查，将申请材料向社会进行不少于5个工作日的公示，并按有关规定对异议进行处理。

（三）省级学位委员会根据学位点的类型，组织专家对符合申请基本条件的博士硕士学位点进行评议，专家组人员中应包括相应学科评议组成员或专业学位教指委委员。

（四）省级学位委员会在专家组评议基础上召开省级学位委员会会议，提出拟新增学位点的推荐名单，在经不少于5个工作日公示后，报国务院学位委员会。

（五）国务院学位委员会办公室组织专家对省级学位委员会

推荐的拟新增博士学位点进行复审，复审分为网络评审和会议评审两个环节。网络评审由国务院学位委员会办公室组织同行专家开展。会议评审由国务院学位委员会办公室委托学科评议组或专业学位教指委开展，获得2/3（含）以上专家同意的确定为拟新增学位点。

经省级学位委员会推荐的符合条件的硕士学位点，经核查且无重大异议，可不进行复审并直接确定为拟新增硕士学位点。

（六）国务院学位委员会办公室将拟新增学位点名单向社会进行为期10个工作日的公示，并按有关规定对异议进行处理。

（七）国务院学位委员会审议批准新增学位点。

第20条 国务院学位委员会根据研究生教育发展，有序推进学位授予单位自主审核博士硕士学位点改革，鼓励学位授予单位内涵发展、形成特色优势、主动服务需求、开展高水平研究生教育。自主审核单位原则上应是我国研究生培养和科学研究的重要基地，学科整体水平高，具有较强的综合办学实力，在国内外享有较高的学术声誉和社会声誉。

第21条 符合申请基本条件的学位授予单位可向省级学位委员会申请自主审核单位资格。省级学位委员会对申请材料进行核查后，将符合申请基本条件的学位授予单位报国务院学位委员会。国务院学位委员会办公室组织专家评议后，经国务院学位委员会全体会议同意，确定自主审核单位资格。

第22条 自主审核单位应制定本单位学位授权审核实施办法、学科建设与发展规划和新增博士硕士学位点审核标准，报国务院学位委员会办公室备案，并向社会公开。自主审核单位新增博士硕士学位点审核标准应高于国家相应学科或专业学位类别的申请基本条件。

第23条 自主审核单位须严格按照本单位自主审核实施办法和审核标准开展审核工作。对拟新增的学位点，应组织不少于

7人的国内外同行专家进行论证。所有拟新增的学位点均须提交校学位评定委员会审议表决，获得全体委员2/3（含）以上同意的视为通过。

自主审核单位可每年开展新增学位点审核，并于当年10月31日前，将本单位拟新增学位点经省级学位委员会报国务院学位委员会核准。

自主审核单位可每年申请撤销学位点，具体程序参照本条第一、二款执行，并可简化专家论证程序。

第24条 自主审核单位根据科学技术发展前沿趋势和经济社会发展需求，除按《研究生教育学科专业目录》自主设置学位点外，也可探索设置《研究生教育学科专业目录》之外的一级学科、交叉学科学位点或专业学位硕士点。此类学位点经国务院学位委员会批准后纳入国家教育统计。

第25条 自主审核单位应加强对新增学位点的质量管理。国务院学位委员会每6年对自主审核单位开展一次工作评估，对已不再符合申请基本条件的，取消其自主审核单位资格。

第26条 自主审核单位发生严重研究生培养质量或管理问题，或在学位授权点核验中出现学位点被评为"不合格"的，国务院学位委员会将取消其自主审核单位资格。

**2.《国务院学位委员会 教育部 国家发展改革委关于进一步加强在职人员攻读硕士专业学位和授予同等学力人员硕士、博士学位管理工作的意见》**（2013年9月30日）

各省、自治区、直辖市学位委员会、教育厅（教委）、发展改革委，中国人民解放军学位委员会，有关部门（单位）教育司（局），有关学位授予单位：

为贯彻落实《国家中长期教育改革和发展规划纲要（2010-2020年）》，多渠道培养造就高层次人才，保证和不断提高人才培养质量，现就进一步加强在职人员攻读硕士专业学位和授予具有研究生毕业同等学力人员硕士、博士学位管理工作提出如下意见。

一、加强规范管理，推动在职人员攻读硕士专业学位和授予同等学力人员硕士、博士学位工作健康发展

支持和鼓励在职人员攻读硕士专业学位，对符合条件和达到规定水平人员授予硕士、博士学位，是培养造就高层次人才的重要途径，对于我国实施人才强国战略，加快人力资源强国建设具有重要意义。

自我国学位制度建立以来，通过开展在职人员攻读硕士专业学位和授予研究生毕业同等学力人员硕士、博士学位等途径，培养造就了大批高层次人才，为经济社会发展特别是创新型国家建设提供了有力的人才支撑。

在研究生教育改革发展的新形势下，在职人员攻读硕士专业学位和授予同等学力人员硕士、博士学位工作面临着新的问题。必须在进一步深化改革、创新培养模式的同时，强化管理、加强监管，推动这两项工作科学、健康发展。

二、端正办学思想，切实保证在职人员培养和学位授予质量

各级研究生教育主管部门和培养单位要高度重视在职人员攻读专业学位培养质量和在职人员学位授予质量，把保证和提高在职人员培养质量和学位授予质量作为提高研究生教育质量的重要内容，抓实抓好。

各研究生培养单位要以保证和提高培养质量为目标，认真研究在职人员培养的特殊规律，按照分类管理、因材施教的原则，制定符合在职人员特点的培养方案和管理办法，创新培养模式。要根据不同学科和课程特点，改进、创新课程考试方法，确保课程教学质量，加强能力水平测试，科学、准确地认定同等学力人员学力水平。

要始终坚持服务需求、保证质量的办学指导思想，从社会需

求出发，切实根据学校自身办学能力，开展在职人员攻读硕士专业学位和授予同等学力人员硕士、博士工作。

三、强化单位责任，确保管理科学规范

培养单位作为开展办学活动和授予学位的主体，对管理各类办学活动、保证在职人员培养质量负首要责任。各培养单位要将在职人员攻读硕士专业学位和授予同等学力人员学位工作的管理全面纳入本单位学位与研究生教育管理体系进行统一管理，禁止院系自行组织招收在职人员攻读硕士专业学位和自行开展同等学力人员申请学位工作。培养单位要统一制定该两项工作的管理办法，规范、细化管理流程，建立并落实管理责任体系，做到责任清晰、责任到人。要实行严格的责任追究制度，做到有责必究、追责必严；对于严重违反规定的，除追究具体管理人员责任外，要追究负责人的领导责任。

培养单位要加强对在职攻读硕士专业学位招生的规范管理，严禁招生工作中的虚假、误导宣传和舞弊、违规行为，实行规范招生、阳光招生。从2014年起，各培养单位的示范性软件学院不再自行组织考试招收软件工程领域工程硕士研究生，其招生工作纳入在职人员攻读硕士专业学位全国联考统一管理。严禁委托中介机构组织和参与在职人员攻读硕士专业学位的招生和教学活动。培养单位要明确在职人员攻读硕士专业学位培养方案、课程设置、教学计划和教学规范等，规定在校学习时间不少于半年或500学时。

同等学力人员的课程水平认定考试由培养单位的研究生管理部门统一管理，在培养单位内进行。研究生培养单位不得以"研究生"和"硕士、博士学位"等名义举办课程进修班。已按《关于委托省级学位与研究生教育主管部门对举办研究生课程进修班进行登记备案的通知》（学位办〔1997〕2号）举办的研究生课程进修班，从本意见发布之日起不得再行招收新学员，待已招收学员完成全部课程学习后即行终止。从本意见发布之日，《关于委托省级学位与研究生教育主管部门对举办研究生课程进修班进行登记备案的通知》即行废止。

培养单位要严格执行国家有关收费政策，按照国家关于行政事业性收费的有关规定管理和使用收费收入。

四、加强政府监管，加大对违规行为处理力度

培养单位的主管部门要加强对培养单位开展在职人员攻读硕士专业学位和授予同等学力人员硕士、博士学位工作的指导监督。各省（区、市）学位委员会和中国人民解放军学位委员会（以下简称省级学位委员会），负责对本地区和军队系统各培养单位开展这两项工作的情况进行定期工作检查。国务院学位委员会对于定期工作检查中存在严重问题、社会反映存在突出问题的培养单位进行重点检查。

省级学位委员会开展定期工作检查，重点是对各培养单位开展有关工作的管理体系、制度是否健全有效，管理过程是否严格规范，管理人员责任是否具体落实进行检查。国务院学位委员会协调和授权有关部门（机构）及专业学位教育指导委员会对在职人员攻读硕士专业学位工作进行教学及培养质量专项评估。

对于检查中发现存在问题的，省级学位委员会应责令培养单位限期整改，对省（区、市）和军队所属培养单位依法做出处理或向培养单位的主管部门提出处理建议。对于专项评估中发现存在问题的，有关部门（机构）和专业学位教育指导委员会应向培养单位提出整改建议；对于问题严重或整改不力的，有关部门（机构）以及专业学位教育指导委员会可向国务院学位委员会提出暂停其开展该项工作、暂停或撤销其授予学位的资格等处理建议。国务院学位委员会对管理混乱、不能保证所授学位质量的研究生培养单位，依法做出处理决定。

在国务院学位委员会统一组织的博士学位论文抽查和省级学

位委员会组织的硕士学位论文抽查工作中，加大对在职攻读硕士专业学位和同等学力申请学位人员学位论文的抽查比例，对于论文抽查存在问题的培养单位按有关规定进行处理。

五、完善信息服务，加强信息公开和社会监督

建立、完善全国在职人员攻读硕士专业学位和授予同等学力人员硕士、博士学位管理信息系统，对在职人员招生、培养、课程水平认定和学位授予等环节进行全过程监管。培养单位应利用学籍学历管理信息和学位授予信息，严格招生和学位授予资格条件审查。

对于招收录取的在职攻读硕士专业学位研究生，资格审查获得通过的同等学力申请学位人员，以及经过所有水平认定环节拟授予硕士、博士学位的同等学力人员，培养单位须对有关招生录取、资格审查和学力水平认定信息进行网上公示。招收录取的在职攻读专业学位研究生、以同等学力申请硕士学位人员的公示在培养单位网站进行；以同等学力申请博士学位人员的公示通过全国管理信息平台统一进行。

六、加强组织领导，确保各项管理措施落到实处

各省（区、市）学位委员会、教育厅（教委）、中国人民解放军学位委员会、有关培养单位主管部门和各培养单位，要高度重视在职人员攻读硕士专业学位培养和授予同等学力人员硕士、博士学位的规范管理工作，认真按照本意见要求建立工作制度，制定程序办法和具体实施细则，做好新老政策衔接和平稳过渡，严格按照有关规定进行管理、监督和检查，确保各项措施落到实处，切实保障和推动这两项工作规范、有序进行，保证人才培养和学位授予质量。

第二十二条　具体标准

学位授予单位应当根据本法第十八条至第二十一条规定的条件，结合本单位学术评价标准，坚持科学的评价导向，在充分听取相关方面意见的基础上，制定各学科、专业的学位授予具体标准并予以公布。

● 部门规章及文件

1.《教育部关于深化本科教育教学改革全面提高人才培养质量的意见》（2019年9月29日）

各省、自治区、直辖市教育厅（教委），新疆生产建设兵团教育局，有关部门（单位）教育司（局），部属各高等学校、部省合建各高等学校：

为深入贯彻全国教育大会精神和《中国教育现代化2035》，全面落实新时代全国高等学校本科教育工作会议和直属高校工作咨询委员会第二十八次全体会议精神，坚持立德树人，围绕学生忙起来、教师强起来、管理严起来、效果实起来，深化本科教育教学改革，培养德智体美劳全面发展的社会主义建设者和接班人，现提出如下意见。

一、严格教育教学管理

1. 把思想政治教育贯穿人才培养全过程。坚持把立德树人成效作为检验高校一切工作的根本标准，用习近平新时代中国特色社会主义思想铸魂育人，加快构建高校思想政治工作体系，推动形成"三全育人"工作格局。把思想政治理论课作为落实立德树人根本任务的关键课程，推动思想政治理论课改革创新，建设一批具有示范效应的思想政治理论课，不断增强思想政治理论课的思想性、理论性和亲和力、针对性。把课程思政建设作为落实立德树人根本任务的关键环节，坚持知识传授与价值引领相统一、显性教育与隐性教育相统一，充分发掘各类课程和教学方式中蕴含的思想政治教育资源，建成一批课程思政示范高校，推出一批课程思政示范课程，选树一批课程思政优秀教师，建设一批课程思政教学研究示范中心，引领带动全员全过程全方位育人。

2. 激励学生刻苦学习。高校要切实加强学风建设，教育引导学生爱国、励志、求真、力行。要提升学业挑战度，强化人才培养方案、教学过程和教学考核等方面的质量要求，科学合理设置学分总量和课程数量，增加学生投入学习的时间，提高自主学习时间比例，引导学生多读书、深思考、善提问、勤实践。合理增加学生阅读量和体育锻炼时间，以适当方式纳入考核成绩。积极组织学生参加社会调查、生产劳动、志愿服务、公益活动、科技发明和勤工助学等实践活动。

3. 全面提高课程建设质量。立足经济社会发展需求和人才培养目标，优化公共课、专业基础课和专业课比例结构，加强课程体系整体设计，提高课程建设规划性、系统性，避免随意化、碎片化，坚决杜绝因人设课。实施国家级和省级一流课程建设"双万计划"，着力打造一大批具有高阶性、创新性和挑战度的线下、线上、线上线下混合、虚拟仿真和社会实践"金课"。积极发展"互联网+教育"、探索智能教育新形态，推动课堂教学革命。严格课堂教学管理，严守教学纪律，确保课程教学质量。

4. 推动高水平教材编写使用。高校党委要高度重视教材建设，落实高校在教材建设中的主体责任，健全教材管理体制机制，明确教材工作部门。做好马克思主义理论研究和建设工程重点教材统一使用工作，推动教材体系向教学体系转化。鼓励支持高水平专家学者编写既符合国家需要又体现个人学术专长的高水平教材，充分发挥教材育人功能。

5. 改进实习运行机制。推动健全大学生实习法律制度，完善各类用人单位接收大学生实习的制度保障。充分考虑高校教学和实习单位工作实际，优化实习过程管理，强化实习导师职责，提升实习效果。加大对学生实习工作支持力度，鼓励高校为学生投保实习活动全过程责任保险，支持建设一批共享型实习基地。进一步强化实践育人，深化产教融合、校企合作，建成一批对区域和产业发展具有较强支撑作用的高水平应用型高等学校。

6. 深化创新创业教育改革。挖掘和充实各类课程、各个环节的创新创业教育资源，强化创新创业协同育人，建好创新创业示范高校和万名优秀创新创业导师人才库。持续推进国家级大学生创新创业训练计划，提高全国大学生创新创业年会整体水平，办好中国"互联网+"大学生创新创业大赛，深入开展青年红色筑梦之旅活动。

7. 推动科研反哺教学。强化科研育人功能，推动高校及时把最新科研成果转化为教学内容，激发学生专业学习兴趣。加强对学生科研活动的指导，加大科研实践平台建设力度，推动国家级、省部级科研基地更大范围开放共享，支持学生早进课题、早进实验室、早进团队，以高水平科学研究提高学生创新和实践能力。统筹规范科技竞赛和竞赛证书管理，引导学生理性参加竞赛，达到以赛促教、以赛促学效果。

8. 加强学生管理和服务。加强高校党委对学生工作的领导，健全学生组织思政工作体系，坚持严格管理与精心爱护相结合。加强学生诚信教育和诚信管理，严格校规校纪刚性约束。配齐建强高校辅导员队伍，落实专职辅导员职务职级"双线"晋升要求，积极探索从时代楷模、改革先锋、道德模范、业务骨干等群体中选聘校外辅导员。积极推动高校建立书院制学生管理模式，开展"一站式"学生社区综合管理模式建设试点工作，配齐配强学业导师、心理辅导教师、校医等，建设师生交流活动专门场所。

9. 严把考试和毕业出口关。完善过程性考核与结果性考核有机结合的学业考评制度，综合应用笔试、口试、非标准答案考试等多种形式，科学确定课堂问答、学术论文、调研报告、作业测评、阶段性测试等过程考核比重。加强考试管理，严肃考试纪律，坚决取消毕业前补考等"清考"行为。加强学生体育课程考核，不能达到《国家学生体质健康标准》合格要求者不能毕业。科学合理制定本科毕业设计（论文）要求，严格全过程管理，严肃处理各类学术不端行为。落实学士学位管理办法，健全学士学位管理制度，严格学士学位标准和授权管理，严把学位授予关。

二、深化教育教学制度改革

10. 完善学分制。学分制是以学分作为衡量学生学习质量和数量，为学生提供更多选择余地的教学制度。支持高校进一步完善学分制，扩大学生学习自主权、选择权。建立健全本科生学业导师制度，安排符合条件的教师指导学生学习，制订个性化培养方案和学业生涯规划。推进模块化课程建设与管理，丰富优质课程资源，为学生选择学分创造条件。支持高校建立与学分制改革和弹性学习相适应的管理制度，加强校际学分互认与转化实践，以学分积累作为学生毕业标准。完善学分标准体系，严格学分质量要求，建立学业预警、淘汰机制。学生在基本修业年限内修满毕业要求的学分，应准予毕业；未修满学分，可根据学校修业年限延长学习时间，通过缴费注册继续学习。支持高校按照一定比例对特别优秀的学士学位获得者予以表彰，并颁发相应的荣誉证书或奖励证书。

11. 深化高校专业供给侧改革。以经济社会发展和学生职业生涯发展需求为导向，构建自主性、灵活性与规范性、稳定性相统一的专业设置管理体系。完善人才需求预测预警机制，推动本科高校形成招生计划、人才培养和就业联动机制，建立健全高校本科专业动态调整机制。以新工科、新医科、新农科、新文科建设引领带动高校专业结构调整优化和内涵提升，做强主干专业，打造特色优势专业，升级改造传统专业，坚决淘汰不能适应社会需求变化的专业。深入实施"六卓越一拔尖"计划2.0，全面实施国家级和省级一流本科专业建设"双万计划",促进各专业领域创新发展。完善本科专业类国家标准,推动质量标准提档升级。

12. 推进辅修专业制度改革。促进复合型人才培养,逐步推行辅修专业制度,支持学有余力的全日制本科学生辅修其它本科专业。高校应研究制定本校辅修专业目录,辅修专业应与主修专业归属不同的专业类。原则上,辅修专业学生的遴选不晚于第二学年起始时间。辅修专业应参照同专业的人才培养要求,确定辅修课程体系、学分标准和学士学位授予标准。要结合学校定位和辅修专业特点,推进人才培养模式综合改革,形成特色化人才培养方案。要建立健全与主辅修制度相适应的人才培养与资源配置、管理制度联动机制。对没有取得主修学士学位的学生不得授予辅修学士学位。辅修学士学位在主修学士学位证书中予以注明,不单独发放学位证书。

13. 开展双学士学位人才培养项目试点。支持符合条件高校创新人才培养模式,开展双学士学位人才培养项目试点,为学生提供跨学科学习、多样化发展机会。试点须报省级学位委员会审批通过后,通过高考招收学生。试点坚持高起点、高标准、高质量,所依托的学科专业应具有博士学位授予权,且分属两个不同的学科门类。试点人才培养方案要进行充分论证,充分反映两个专业的课程要求、学分标准和学士学位授予标准,不得变相降低要求。高校要推进试点项目与现有教学资源的共享,促进不同专业课程之间的有机融合,实现学科交叉基础上的差异化、特色化人才培养。本科毕业并达到学士学位要求的,可授予双学士学位。双学士学位只发放一本学位证书,所授两个学位应在证书中予以注明。高等学历继续教育不得开展授予双学士学位工作。

14. 稳妥推进跨校联合人才培养。支持高校实施联合学士学位培养项目,发挥不同特色高校优势,协同提升人才培养质量。该项目须报合作高校所在地省级学位委员会审批。该项目相关高校均应具有该专业学士学位授予权，通过高考招收学生。课程要求、学分标准和学士学位授予标准，不得低于联合培养单位各自的相关标准。实施高校要在充分论证基础上签署合作协议，联合制定人才培养方案，加强学生管理和服务。联合学士学位证书由本科生招生入学时学籍所在的学士学位授予单位颁发，联合培养单位可在证书上予以注明，不再单独发放学位证书。高等学历继续教育不得开展授予联合学士学位工作。

15. 全面推进质量文化建设。完善专业认证制度，有序开展保合格、上水平、追卓越的本科专业三级认证工作。完善高校内部教学质量评价体系，建立以本科教学质量报告、学院本科教学评价、专业评价、课程评价、教师评价、学生评价为主体的全链条多维度高校教学质量评价与保障体系。持续推进本科教学工作审核评估和合格评估。要把评估、认证等结果作为教育行政部门和高校政策制定、资源配置、改进教学管理等方面的重要决策参考。高校要构建自觉、自省、自律、自查、自纠的大学质量文化，把其作为推动大学不断前行、不断超越的内生动力，将质量意识、质量标准、质量评价、质量管理等落实到教育教学各环节，内化为师生的共同价值追求和自觉行动。全面落实学生中心、产出导向、持续改进的先进理念，加快形成以学校为主体，教育部门为主导，行业部门、学术组织和社会机构共同参与的中国特色、世界水平的质量保障制度体系。

三、引导教师潜心育人

16. 完善高校教师评聘制度。高校可根据需要设立一定比例的流动岗位，加大聘用具有其它高校学习和行业企业工作经历教师的力度。出台高校教师职称制度改革的指导意见，推行高校教师职务聘任制改革，加强聘期考核，准聘与长聘相结合，做到能上能下、能进能出。高校教师经所在单位批准，可开展多点教学并获得报酬。引导高校建立兼职教师资源库，开展兼职教师岗前培训，为符合条件的兼职教师、急需紧缺人才申报相应系列专业技术职务。研究出台实验技术系列职称制度改革的指导意见，优化高校实验系列队伍结构。

17. 加强基层教学组织建设。高校要以院系为单位，加强教研室、课程模块教学团队、课程组等基层教学组织建设，制定完善相关管理制度，提供必需的场地、经费和人员保障，选聘高水平教授担任基层教学组织负责人，激发基层教学组织活力。支持高校组建校企、校地、校校联合的协同育人中心，打造校内外结合的高水平教学创新团队。要把教学管理队伍建设放在与教师队伍建设同等重要位置，制定专门培养培训计划，为其职务晋升创造有利政策环境。

18. 完善教师培训与激励体系。推动教师培训常态化，探索实行学分管理，将培训学分作为教师考核和职务聘任的重要依据。加强高校教师发展中心建设，重点面向新入职教师和青年教师，以提升教学能力为目的，开展岗前和在岗专业科目培训。推进高校中青年教师专业发展，建立高校中青年教师国内外访学、挂职锻炼、社会实践制度。完善校企、校社共建教师企业实践流动岗（工作站）机制，共建一批教师企业实践岗位。鼓励高校为长期从事教学工作的教师设立荣誉证书制度。鼓励社会组织对教师出资奖励，开展尊师活动，营造尊师重教良好社会风尚。

19. 健全教师考核评价制度。加强师德师风建设，将师德考核贯穿于教育教学全过程。突出教育教学业绩在绩效分配、职务职称评聘、岗位晋级考核中的比重，明确各类教师承担本科生课程的教学课时要求。切实落实教授全员为本科生上课的要求，让教授到教学一线，为本科生讲授基础课和专业基础课，把教授为本科生的授课学时纳入学校教学评估指标体系。教师日常指导学生学习、创新创业、社会实践、各类竞赛展演以及开展"传帮带"等工作，计入教育教学工作量，纳入年度考核内容。

20. 建立健全助教岗位制度。助教岗位承担课堂教辅、组织讨论、批改作业试卷、辅导答疑、协助实习实践等教学辅助任务，主要由没有教学经历的新入职教师、研究生、优秀高年级本科生等担任。高校应建立健全助教岗位制度，完善选拔、培训、评价、激励和反馈的全流程助教岗位管理制度。新入职教师承担的助教工作应纳入教师工作量考核，对于表现优秀的应在职称评聘、职务晋升中予以优先考虑。加强对担任助教工作学生的岗前培训和规范管理，合理确定补贴标准，提供必要条件保障，确保教学工作质量。

四、加强组织保障

21. 加强党对高校教育教学工作的全面领导。地方党委教育工作部门、高校各级党组织要坚持以习近平新时代中国特色社会主义思想为指导，全面贯彻党的教育方针，坚定社会主义办学方向，落实"以本为本、四个回归"的要求，加强对本科教育教学改革的领导。高校党委会、常委会和校长办公会要把本科教育教学改革工作纳入重要议题研究部署，高校主要领导、各级领导干部、广大教师要把主要精力投入教育教学工作，深入党建和思政、教学和科研一线，切实把走进学生、关爱学生、帮助学生落到实处。高校的人员、经费、物质资源要聚焦本科教育教学改革，强化人才培养质量意识，形成全员、全方位支持教育教学改革的良好氛围。

22. 完善提高人才培养质量的保障机制。各地教育行政部门要增强工作针对性和实效性，结合区域实际，明确深化本科教育教学改革总体目标、重点内容、创新举措、评价考核和保障机制，加强政策协调配套，调整教育经费支出结构，加大对教育教学改革的投入力度。要进一步落实高校建设主体责任和办学自主权，提升高校治理能力和治理水平，加强内部统筹，着力解决建设难点和堵点问题。要加强对高校教育教学改革成效的督导检查，加大典型做法的总结宣传力度，推动形成狠抓落实、勇于创新、注重实效的工作局面。

**2.《国务院学位委员会办公室关于做好本科层次职业学校学士学位授权与授予工作的意见》**（2021年11月18日）

各省、自治区、直辖市学位委员会，新疆生产建设兵团学位委员会，军队学位委员会：

经国务院学位委员会审议通过，为贯彻全国职业教育大会精神和《国家职业教育改革实施方案》要求，指导省级学位委员会、本科层次职业学校做好本科层次职业教育学士学位授权与授予工作，突出职业教育特色，确保本科层次职业教育授予学士学位质量，促进本科层次职业教育高质量稳步发展，提出如下意见：

一、本科层次职业教育学士学位授权、授予、管理和质量监督按照《中华人民共和国学位条例》《中华人民共和国学位条例暂行实施办法》《学士学位授权与授予管理办法》执行。

二、申报本科层次职业教育学士学位授权的学校须为教育部批准的本科层次职业学校。具有本科层次职业教育学士学位授予权的学校可开展本科层次职业教育学士学位授予工作。

三、省级学位委员会负责本区域（系统）的本科层次职业教育学士学位授权审批工作，应及时修订学士学位授权审核办法，突出本科层次职业教育育人特色，明确本科层次职业教育学士学位授权相关要求。

四、省级学位委员会应制定本科层次职业教育学士学位授权单位、授权专业申请基本条件，条件应遵循职业教育办学规律，涵盖办学定位、师资队伍、人才培养、办学条件、管理制度等内容。申请基本条件不得低于教育部颁布的本科层次职业学校设置标准和本科层次职业教育专业设置标准。

五、本科层次职业教育学士学位按学科门类授予。教育部在颁布本科层次职业教育专业目录时，应明确专业归属的学科门类。本科层次职业教育专业目录的专业名称、代码、归属的学科门类发生变动时，省级学位委员会应对授权进行相应调整。

六、本科层次职业教育学士学位授予单位应制定本单位的学位授予程序。主要程序是：审查是否符合学士学位授予标准，符合标准的列入学士学位授予名单，学校学位评定委员会作出是否批准的决议。学校学位评定委员会表决通过的决议和学士学位授予名单应在校内公开，并报省级学位委员会备查。

七、本科层次职业教育学士学位授予单位应制定本单位的学士学位授予标准。学位授予标准应落实立德树人根本任务，坚持正确育人导向，强化思想政治要求，突出职业能力和职业素养水平，符合《中华人民共和国学位条例》及其暂行实施办法的规定。

八、本科层次职业教育暂不开展第二学士学位、辅修学士学位、双学士学位复合型人才培养项目、联合学士学位、高等学历继续教育学士学位的授予工作。

九、本科层次职业教育学士学位证书和学位授予信息按照《学位证书和学位授予信息管理办法》《学位授予信息管理工作规程》执行。

十、本科层次职业教育学士学位授予单位应建立学士学位管理和质量保障的相关规章制度，依法依规开展学士学位授予工作，确保本科层次职业教育学士学位授予质量。省级学位委员会应加强对本区域（系统）本科层次职业教育学士学位授予单位的统筹指导和质量监督，不断提升其开展学士学位授予工作的能力和水平。

3. **《学士学位授权与授予管理办法》**（2019 年 7 月 9 日）

第 6 条 省（区、市）学位委员会、军队学位委员会（以下简称为"省级学位委员会"）应制定学士学位授权审核标准。审核标准应明确办学方向、师资队伍、基本条件、课程设置、教学方式、管理制度等要求，不低于本科院校设置标准和本科专业设置标准。

第 12 条  学士学位授予单位应制定本单位的学士学位授予标准，学位授予标准应落实立德树人根本任务，坚持正确育人导向，强化思想政治要求，符合《中华人民共和国学位条例》及其暂行实施办法的规定。

## 第五章  学位授予程序

**第二十三条**  申请程序

> 符合本法规定的受教育者，可以按照学位授予单位的要求提交申请材料，申请相应学位。非学位授予单位的应届毕业生，由毕业单位推荐，可以向相关学位授予单位申请学位。
>
> 学位授予单位应当自申请日期截止之日起六十日内审查决定是否受理申请，并通知申请人。

● 行政法规及文件

1. 《中华人民共和国学位条例暂行实施办法》（1981 年 5 月 20 日）

第 6 条  硕士学位由国务院授权的高等学校和科学研究机构授予。

申请硕士学位人员应当在学位授予单位规定的期限内，向学位授予单位提交申请书和申请硕士学位的学术论文等材料。学位授予单位应当在申请日期截止后两个月内进行审查，决定是否同意申请，并将结果通知申请人及其所在单位。

非学位授予单位应届毕业的研究生申请时，应当送交本单位关于申请硕士学位的推荐书。

同等学力人员申请时，应当送交两位副教授、教授或相当职称的专家的推荐书。学位授予单位对未具有大学毕业学历的申请人员，可以在接受申请前，采取适当方式，考核其某些大学课程。

申请人员不得同时向两个学位授予单位提出申请。

第 10 条　博士学位由国务院授权的高等学校和科学研究机构授予。

申请博士学位人员应当在学位授予单位规定的期限内，向学位授予单位提交申请书和申请博士学位的学术论文等材料。学位授予单位应当在申请日期截止后两个月内进行审查，决定是否同意申请，并将结果通知申请人及其所在单位。

同等学力人员申请时，应当送交两位教授或相当职称的专家的推荐书。学位授予单位对未获得硕士学位的申请人员，可以在接受申请前，采取适当方式，考核其某些硕士学位的基础理论课和专业课。

申请人员不得同时向两个学位授予单位提出申请。

● 部门规章及文件
2.《学位论文作假行为处理办法》（2012 年 11 月 13 日）

第 4 条　学位申请人员应当恪守学术道德和学术规范，在指导教师指导下独立完成学位论文。

第 5 条　指导教师应当对学位申请人员进行学术道德、学术规范教育，对其学位论文研究和撰写过程予以指导，对学位论文是否由其独立完成进行审查。

第 6 条　学位授予单位应当加强学术诚信建设，健全学位论文审查制度，明确责任、规范程序，审核学位论文的真实性、原创性。

第 7 条　学位申请人员的学位论文出现购买、由他人代写、剽窃或者伪造数据等作假情形的，学位授予单位可以取消其学位申请资格；已经获得学位的，学位授予单位可以依法撤销其学位，并注销学位证书。取消学位申请资格或者撤销学位的处理决定应当向社会公布。从做出处理决定之日起至少 3 年内，各学位授予单位不得再接受其学位申请。

前款规定的学位申请人员为在读学生的，其所在学校或者学位授予单位可以给予开除学籍处分；为在职人员的，学位授予单位除给予纪律处分外，还应当通报其所在单位。

第8条　为他人代写学位论文、出售学位论文或者组织学位论文买卖、代写的人员，属于在读学生的，其所在学校或者学位授予单位可以给予开除学籍处分；属于学校或者学位授予单位的教师和其他工作人员的，其所在学校或者学位授予单位可以给予开除处分或者解除聘任合同。

第9条　指导教师未履行学术道德和学术规范教育、论文指导和审查把关等职责，其指导的学位论文存在作假情形的，学位授予单位可以给予警告、记过处分；情节严重的，可以降低岗位等级直至给予开除处分或者解除聘任合同。

第10条　学位授予单位应当将学位论文审查情况纳入对学院（系）等学生培养部门的年度考核内容。多次出现学位论文作假或者学位论文作假行为影响恶劣的，学位授予单位应当对该学院（系）等学生培养部门予以通报批评，并可以给予该学院（系）负责人相应的处分。

第11条　学位授予单位制度不健全、管理混乱，多次出现学位论文作假或者学位论文作假行为影响恶劣的，国务院学位委员会或者省、自治区、直辖市人民政府学位委员会可以暂停或者撤销其相应学科、专业授予学位的资格；国务院教育行政部门或者省、自治区、直辖市人民政府教育行政部门可以核减其招生计划；并由有关主管部门按照国家有关规定对负有直接管理责任的学位授予单位负责人进行问责。

第12条　发现学位论文有作假嫌疑的，学位授予单位应当确定学术委员会或者其他负有相应职责的机构，必要时可以委托专家组成的专门机构，对其进行调查认定。

第13条　对学位申请人员、指导教师及其他有关人员做出处理决定前，应当告知并听取当事人的陈述和申辩。

当事人对处理决定不服的，可以依法提出申诉、申请行政复议或者提起行政诉讼。

● **案例指引**[①]

**何某某诉某大学拒绝授予学位案**（《最高人民法院公报》2015年第8期）

裁判要旨：1. 具有学位授予权的高等学校，有权对学位申请人提出的学位授予申请进行审查并决定是否授予其学位。申请人对高等学校不授予其学位的决定不服提起行政诉讼的，人民法院应当依法受理。

2. 高等学校依照《中华人民共和国学位条例暂行实施办法》的有关规定，在学术自治范围内制定的授予学位的学术水平标准，以及据此标准作出的是否授予学位的决定，人民法院应予支持。

### 第二十四条　学士学位授予程序

申请学士学位的，由学位评定委员会组织审查，作出是否授予学士学位的决议。

● **部门规章及文件**

《**学士学位授权与授予管理办法**》（2019年7月9日）

第11条　学士学位应按学科门类或专业学位类别授予。授予学士学位的学科门类应符合学位授予学科专业目录的规定。本科专业目录中规定可授多个学科门类学位的专业，学士学位授予单位应按教育部批准或备案设置专业时规定的学科门类授予学士学位。

第12条　学士学位授予单位应制定本单位的学士学位授予标准，学位授予标准应落实立德树人根本任务，坚持正确育人导

---

① 本书"案例指引"部分所引用的法律法规及文件均为案件裁判时有效，以下不作另外提示。

向，强化思想政治要求，符合《中华人民共和国学位条例》及其暂行实施办法的规定。

第13条 学士学位授予单位应明确本单位的学士学位授予程序。

（一）普通高等学校授予全日制本科毕业生学士学位的程序主要是：审查是否符合学士学位授予标准，符合标准的列入学士学位授予名单，学校学位评定委员会作出是否批准的决议。学校学位评定委员会表决通过的决议和学士学位授予名单应在校内公开，并报省级学位委员会备查。

（二）普通高等学校授予高等学历继续教育本科毕业生学士学位的程序应与全日制本科毕业生相同。授予学士学位的专业应是本单位已获得学士学位授权并正在开展全日制本科生培养的专业。学校学位评定委员会办公室应会同学校教务部门提出学位课程基本要求，共同组织或委托相关省级教育考试机构组织高等学历继续教育本科毕业生学业水平测试，对通过测试的接受其学士学位申请。

（三）具有学士学位授予权的成人高等学校，授予学士学位的程序应符合本条第一款和第二款规定。

第14条 具有学士学位授予权的普通高等学校，可向本校符合学位授予标准的全日制本科毕业生授予辅修学士学位。授予辅修学士学位应制定专门的实施办法，对课程要求及学位论文（或毕业设计）作出明确规定，支持学有余力的学生辅修其他本科专业。辅修学士学位应与主修学士学位归属不同的本科专业大类，对没有取得主修学士学位的不得授予辅修学士学位。辅修学士学位在主修学士学位证书中予以注明，不单独发放学位证书。

第15条 具有学士学位授予权的普通高等学校，可在本校全日制本科学生中设立双学士学位复合型人才培养项目。项目必须坚持高起点、高标准、高质量，所依托的学科专业应具有博士学位授予权,且分属两个不同的学科门类。项目须由专家进行论证,应有专门的人才培养方案,经学校学位评定委员会表决通过、学校党委常委会会议研究同意,并报省级学位委员会审批通过后,通过高考招收学生。本科毕业并达到学士学位要求的,可授予双学士学位。双学士学位只发放一本学位证书,所授两个学位应在证书中予以注明。

第16条 具有学士学位授予权的普通高等学校之间,可授予全日制本科毕业生联合学士学位。联合学士学位应根据校际合作办学协议,由合作高等学校共同制定联合培养项目和实施方案,报合作高等学校所在地省级学位委员会审批。联合培养项目所依托的专业应是联合培养单位具有学士学位授权的专业,通过高考招收学生并予以说明。授予联合学士学位应符合联合培养单位各自的学位授予标准,学位证书由本科生招生入学时学籍所在的学士学位授予单位颁发,联合培养单位可在证书上予以注明,不再单独发放学位证书。

第17条 学士学位授予单位可按一定比例对特别优秀的学士学位获得者予以表彰,并颁发相应的荣誉证书或奖励证书。

第18条 国务院学位委员会负责学士学位的宏观政策、发展指导、质量监督和信息管理等工作,完善学位授予信息系统,及时准确发布学位授予信息,为社会、学生查询提供便利。

第19条 省级学位委员会负责本地区、本系统学士学位管理、监督和信息工作,科学规划,优化布局,引导、指导、督导学位授予单位服务需求、提高质量、特色发展,定期向国务院学位委员会报送学位授予信息。

第20条 学士学位授予单位应完善学士学位管理的相关规章制度,建立严格的学士学位授予质量保障机制,主动公开本单位学士学位管理的相关规章制度,依法依规有序开展学位授予工作,惩处学术不端行为。严格执行《学位证书和学位授予信息管理办法》，按照招生时确定的学习形式，填写、颁发学位证书，标示具体的培养类型（普通高等学校全日制、联合培养、高等学历继续教育），并认真、准确做好学士学位证书备案、管理、公示及防伪信息报备工作，严禁信息造假、虚报、漏报，定期向省级学位委员会报送信息。

第 21 条　省级学位委员会应主动公开本地区、本系统学士学位相关信息，每年定期公开发布学士学位授予单位和授权专业名单。

第 22 条　国务院学位委员会将学士学位质量监督纳入到学位质量保障体系。省级学位委员会应建立学士学位授权与授予质量评估制度和抽检制度，原则上在学士学位授予单位完成首次学位授予后对其进行质量评估，并定期对学士学位授予单位和授权专业进行质量抽检，加强对双学士学位、辅修学士学位、联合学士学位的质量监管；建立完善高等学历继续教育学士学位授予质量监督机制；对存在质量问题的学士学位授予单位或授权专业，可采取工作约谈、停止招生、撤销授权等措施。

第 23 条　学士学位授予单位应建立相应的学位授予救济制度，处理申请、授予、撤销等过程中出现的异议，建立申诉复议通道，保障学生权益。

● 案例指引

**高某诉上海某大学不授予学位案**（最高人民法院公布 10 起弘扬社会主义核心价值观典型案例之九[①]）

**裁判要旨**：高某系上海某大学本科生，因在考试中作弊，被学校给予行政记过处分，该门课程成绩无效。学校学位评定委员会因此决定对高某不授予学士学位。高某不服，向人民法院提起行政诉

---

① 《最高人民法院公布 10 起弘扬社会主义核心价值观典型案例》，参见最高人民法院网站，https://www.court.gov.cn/zixun/xiangqing/17612.html，最后访问时间：2024 年 4 月 26 日。

讼。人民法院经审理认为，高某因考试作弊被取消课程成绩，不符合授予学士学位的规定，被告学校学位评定委员会不授予高某学位，符合国家法律法规和学校的规定，遂判决驳回高某的诉讼请求。

### 第二十五条　专家评阅

申请硕士、博士学位的，学位授予单位应当在组织答辩前，将学位申请人的学位论文或者实践成果送专家评阅。

经专家评阅，符合学位授予单位规定的，进入答辩程序。

### 第二十六条　论文答辩

学位授予单位应当按照学科、专业组织硕士、博士学位答辩委员会。硕士学位答辩委员会组成人员应当不少于三人。博士学位答辩委员会组成人员应当不少于五人，其中学位授予单位以外的专家应当不少于二人。

学位论文或者实践成果应当在答辩前送答辩委员会组成人员审阅，答辩委员会组成人员应当独立负责地履行职责。

答辩委员会应当按照规定的程序组织答辩，就学位申请人是否通过答辩形成决议并当场宣布。答辩以投票方式表决，由全体组成人员的三分之二以上通过。除内容涉及国家秘密的外，答辩应当公开举行。

● 部门规章及文件

《学位论文作假行为处理办法》（2012年11月13日）

第1条　为规范学位论文管理，推进建立良好学风，提高人才培养质量，严肃处理学位论文作假行为，根据《中华人民共和国学位条例》、《中华人民共和国高等教育法》，制定本办法。

第2条　向学位授予单位申请博士、硕士、学士学位所提交的博士学位论文、硕士学位论文和本科学生毕业论文（毕业设计或其他毕业实践环节)(统称为学位论文),出现本办法所列作假情形的,依照本办法的规定处理。

第3条 本办法所称学位论文作假行为包括下列情形:

(一)购买、出售学位论文或者组织学位论文买卖的;

(二)由他人代写、为他人代写学位论文或者组织学位论文代写的;

(三)剽窃他人作品和学术成果的;

(四)伪造数据的;

(五)有其他严重学位论文作假行为的。

第4条 学位申请人员应当恪守学术道德和学术规范,在指导教师指导下独立完成学位论文。

第5条 指导教师应当对学位申请人员进行学术道德、学术规范教育,对其学位论文研究和撰写过程予以指导,对学位论文是否由其独立完成进行审查。

第6条 学位授予单位应当加强学术诚信建设,健全学位论文审查制度,明确责任、规范程序,审核学位论文的真实性、原创性。

第7条 学位申请人员的学位论文出现购买、由他人代写、剽窃或者伪造数据等作假情形的,学位授予单位可以取消其学位申请资格;已经获得学位的,学位授予单位可以依法撤销其学位,并注销学位证书。取消学位申请资格或者撤销学位的处理决定应当向社会公布。从做出处理决定之日起至少3年内,各学位授予单位不得再接受其学位申请。

前款规定的学位申请人员为在读学生的,其所在学校或者学位授予单位可以给予开除学籍处分;为在职人员的,学位授予单位除给予纪律处分外,还应当通报其所在单位。

第8条 为他人代写学位论文、出售学位论文或者组织学位论文买卖、代写的人员,属于在读学生的,其所在学校或者学位授予单位可以给予开除学籍处分;属于学校或者学位授予单位的教师和其他工作人员的，其所在学校或者学位授予单位可以给予开除处分或者解除聘任合同。

第9条　指导教师未履行学术道德和学术规范教育、论文指导和审查把关等职责，其指导的学位论文存在作假情形的，学位授予单位可以给予警告、记过处分；情节严重的，可以降低岗位等级直至给予开除处分或者解除聘任合同。

第10条　学位授予单位应当将学位论文审查情况纳入对学院（系）等学生培养部门的年度考核内容。多次出现学位论文作假或者学位论文作假行为影响恶劣的，学位授予单位应当对该学院（系）等学生培养部门予以通报批评，并可以给予该学院（系）负责人相应的处分。

第11条　学位授予单位制度不健全、管理混乱，多次出现学位论文作假或者学位论文作假行为影响恶劣的，国务院学位委员会或者省、自治区、直辖市人民政府学位委员会可以暂停或者撤销其相应学科、专业授予学位的资格；国务院教育行政部门或者省、自治区、直辖市人民政府教育行政部门可以核减其招生计划；并由有关主管部门按照国家有关规定对负有直接管理责任的学位授予单位负责人进行问责。

第12条　发现学位论文有作假嫌疑的，学位授予单位应当确定学术委员会或者其他负有相应职责的机构，必要时可以委托专家组成的专门机构，对其进行调查认定。

第13条　对学位申请人员、指导教师及其他有关人员做出处理决定前，应当告知并听取当事人的陈述和申辩。

当事人对处理决定不服的，可以依法提出申诉、申请行政复议或者提起行政诉讼。

第14条　社会中介组织、互联网站和个人，组织或者参与学位论文买卖、代写的，由有关主管机关依法查处。

学位论文作假行为违反有关法律法规规定的，依照有关法律法规的规定追究法律责任。

第15条 学位授予单位应当依据本办法，制定、完善本单位的相关管理规定。

第16条 本办法自2013年1月1日起施行。

## 2.《国务院学位委员会 教育部关于进一步严格规范学位与研究生教育质量管理的若干意见》（2020年9月25日）

五、加强学位论文和学位授予管理

（十四）学位授予单位要进一步细分压实导师、学位论文答辩委员会、学位评定分委员会等责任。导师是研究生培养第一责任人，要严格把关学位论文研究工作、写作发表、学术水平和学术规范性。学位论文答辩委员会要客观公正评价学位论文学术水平，切实承担学术评价、学风监督责任，杜绝人情干扰。学位评定分委员会要对申请人培养计划执行情况、论文评阅情况、答辩组织及其结果等进行认真审议，承担学术监督和学位评定责任。论文重复率检测等仅作为检查学术不端行为的辅助手段，不得以重复率检测结果代替导师、学位论文答辩委员会、学位评定分委员会对学术水平和学术规范性的把关。

（十五）分类制订不同学科或交叉学科的学位论文规范、评阅规则和核查办法，真实体现研究生知识理论创新、综合解决实际问题的能力和水平，符合相应学科领域的学术规范和科学伦理要求。对以研究报告、规划设计、产品开发、案例分析、管理方案、发明专利、文学艺术创作等为主要内容的学位论文，细分写作规范，建立严格评审机制。

（十六）严格学位论文答辩管理，细化规范答辩流程，提高问答质量，力戒答辩流于形式。除依法律法规需要保密外，学位论文均要严格实行公开答辩，妥善安排旁听，答辩人员、时间、地点、程序安排及答辩委员会组成等信息要在学位授予单位网站向社会公开，接受社会监督。任何组织及个人不得以任何形式干扰学位论文评阅、答辩及学位评定工作,违者按相关法律法规严肃惩处。

(十七)建立和完善研究生招生、培养、学位授予等原始记录收集、整理、归档制度,严格规范培养档案管理,确保涉及研究生招生录取、课程考试、学术研究、学位论文开题、中期考核、学位论文评阅、答辩、学位授予等重要记录的档案留存全面及时、真实完整。探索建立学术论文、学位论文校际馆际共享机制,促进学术公开透明。

六、强化指导教师质量管控责任

(十八)导师要切实履行立德树人职责,积极投身教书育人,教育引导研究生坚定理想信念,增强中国特色社会主义道路自信、理论自信、制度自信、文化自信,自觉践行社会主义核心价值观。根据学科或行业领域发展动态和研究生的学术兴趣、知识结构等特点,制订研究生个性化培养计划。指导研究生潜心读书学习、了解学术前沿、掌握科研方法、强化实践训练,加强科研诚信引导和学术规范训练,掌握学生参与学术活动和撰写学位论文情况,增强研究生知识产权意识和原始创新意识,杜绝学术不端行为。综合开题、中期考核等关键节点考核情况,提出学生分流退出建议。严格遵守《新时代高校教师职业行为十项准则》、研究生导师指导行为准则,不安排研究生从事与学业、科研、社会服务无关的事务。关注研究生个体成长和思想状况,与研究生思政工作和管理人员密切协作,共同促进研究生身心健康。

(十九)学位授予单位建立科学公正的师德师风评议机制,把良好师德师风作为导师选聘的首要要求和第一标准。编发导师指导手册,明确导师职责和工作规范,加强研究生导师岗位动态管理,严格规范管理兼职导师。建立导师团队集体指导、集体把关的责任机制。

(二十)完善导师培训制度,各学位授予单位对不同类型研究生的导师实行常态化分类培训，切实提高导师指导研究生和严格学术管理的能力。首次上岗的导师实行全面培训，连续上岗的导师实行定期培训，确保政策、制度和措施及时在指导环节中落地见效。

（二十一）健全导师分类评价考核和激励约束机制，将研究生在学期间及毕业后反馈评价、同行评价、管理人员评价、培养和学位授予环节职责考核情况科学合理地纳入导师评价体系，综合评价结果作为招生指标分配、职称评审、岗位聘用、评奖评优等的重要依据。严格执行《教育部关于高校教师师德失范行为处理的指导意见》，对师德失范、履行职责不力的导师，视情况给予约谈、限招、停招、取消导师资格等处理；情节较重的，依法依规给予党纪政纪处分。

七、健全处置学术不端有效机制

（二十二）完善教育部、省级教育行政部门、学位授予单位三级监管体系，健全宣传、防范、预警、督查机制，完善学术不端行为预防与处置措施。将预防和处置学术不端工作纳入国家教育督导范畴，将学术诚信管理与督导常态化，提高及时处理和应对学术不端事件的能力。

（二十三）严格执行《学位论文作假行为处理办法》《高等学校预防与处理学术不端行为办法》等规定。对学术不端行为，坚持"零容忍"，一经发现坚决依法依规、从快从严进行彻查。对有学术不端行为的当事人以及相关责任人，根据情节轻重，依法依规给予党纪政纪校纪处分和学术惩戒；违反法律法规的，应及时移送有关部门查处。对学术不端查处不力的单位予以问责。将学位论文作假行为作为信用记录，纳入全国信用信息共享平台。

（二十四）学位授予单位要切实执行《普通高等学校学生管理规定》《高等学校预防与处理学术不端行为办法》的相关要求，完善导师和研究生申辩申诉处理机制与规则，畅通救济渠道，维护正当权益。当事人对处理或处分决定不服的，可以向学位授予单位提起申诉。当事人对经申诉复查后所作决定仍持异议的，可以向省级学位委员会申请复核。

八、加强教育行政部门督导监管

（二十五）省级高校招生委员会是监管本行政区域内所有招生单位研究生考试招生工作的责任主体。教育部将把规范和加强研究生考试招生工作纳入国家教育督导范畴，各省级高校招生委员会、教育行政部门要加强对本地区研究生考试招生工作的监督检查，对研究生考试招生工作中的问题，特别是多发性、趋势性的问题要及早发现、及早纠正。对考试招生工作中的违规违纪行为，一经发现，坚决按有关规定严肃处理。造成严重后果和恶劣影响的，将按规定对有关责任人员进行追责问责，构成违法犯罪的，由司法机关依法追究法律责任。

（二十六）国务院学位委员会、教育部加强运用学位授权点合格评估、质量专项检查抽查等监管手段，省级学位委员会和教育行政部门加大督查检查力度，加强招生、培养、学位授予等管理环节督查，强化问责。

（二十七）国务院教育督导委员会办公室、省级教育行政部门进一步加大学位论文抽检工作力度，适当扩大抽检比例。对连续或多次出现"存在问题学位论文"的学位授予单位，加大约谈力度，严控招生规模。国务院学位委员会、教育部在学位授权点合格评估中对"存在问题学位论文"较多的学位授权点进行重点抽评，根据评估结果责令研究生培养质量存在严重问题的学位授权点限期整改，经整改仍无法达到要求的，依法依规撤销有关学位授权。

（二十八）对在招生、培养、学位授予等管理环节问题较多，师德师风、校风学风存在突出问题的学位授予单位，视情况采取通报、限期整改、严控招生计划、限制新增学位授权申报等处理办法，情节严重的学科或专业学位类别，坚决依法依规撤销学位授权。对造成严重后果、触犯法律法规的，坚决依法依规追究学位授予单位及个人法律责任。

（二十九）省级教育行政部门和学位授予单位要加快推进研究生教育信息公开，定期发布学位授予单位研究生教育发展质量年度报告，公布学术不端行为调查处理情况，接受社会监督。

**3.《国务院学位委员会 教育部关于加强学位与研究生教育质量保证和监督体系建设的意见》**（2014年1月29日）

三、强化学位授予单位的质量保证

1. 学位授予单位是研究生教育质量保证的主体，要按照《学位授予单位研究生教育质量保证体系建设基本规范》（见附件），健全内部质量保证体系，确立与本单位办学定位相一致的人才培养和学位授予质量标准，建立以培养质量为主导的研究生教育资源配置机制。

2. 学位授予单位要充分发挥学位评定委员会、学术委员会等学术组织在质量保证方面的作用，审定研究生培养方案和学位授予标准，指导课程体系建设，开展质量评价等工作。不断完善导师管理评价机制，把师德师风和研究生培养质量作为导师评价的重点，加强导师对研究生思想、学习和科研实践的教育与指导。

3. 学位授予单位要统筹各类研究生教育经费，建立健全研究生奖助体系，激励优秀人才脱颖而出。加强研究生培养过程管理，畅通分流渠道，加大对不合格学生的淘汰力度，激发研究生学习的积极性和主动性。把学术道德教育和学术规范训练贯穿到研究生培养全过程，建立学风监管与惩戒机制，严惩学术不端行为。

4. 学位授予单位要建立研究生教育质量自我评估制度，组织专家定期对本单位学位授权点和研究生培养质量进行诊断式评估，发现问题，改进学科建设和人才培养工作，不断提高研究生教育质量。鼓励有条件的单位积极开展国际评估。

四、加强教育行政部门的质量监管

1. 委托国务院学位委员会学科评议组和全国专业学位研究生

教育指导委员会，按一级学科和专业学位类别分别制订《博士硕士学位基本要求》，为学位授予单位实施研究生培养、各级教育行政部门开展质量监管提供基本依据。

2. 建立学位授权点合格评估制度，以人才培养为核心，制订科学的评估标准，开展研究生教育质量评估工作。按类型、分层次组织实施评估工作，提高评估实效。对存在质量问题的学位授予单位，采取约谈、通报、限期整改直至撤销学位授权等处理办法。不断改进学科评估工作。

3. 开展博士、硕士学位论文抽检工作，强化学位授予单位、导师和研究生的质量意识，加强学位授予管理，保证学位授予质量。建立研究生教育绩效拨款制度，推动人才培养的改革与创新，促进研究生教育质量不断提升。

4. 建立全国研究生教育质量信息平台，及时公开学位与研究生教育相关信息，开展质量调查，定期发布教育行政部门、学位授予单位和相关学术组织的研究生教育质量报告，促进学位授予单位质量自律，加强质量预警，营造良好的质量环境。

5. 省级教育行政部门要加大对本地区学位与研究生教育质量的监管力度，做好硕士学位授权点合格评估、省级重点学科评选、硕士学位论文抽检、优秀学位论文评选等工作。积极推动研究生教育质量监督区域协作机制建设。

## 第二十七条　重新答辩

学位论文答辩或者实践成果答辩未通过的，经答辩委员会同意，可以在规定期限内修改，重新申请答辩。

博士学位答辩委员会认为学位申请人虽未达到博士学位的水平，但已达到硕士学位的水平，且学位申请人尚未获得过本单位该学科、专业硕士学位的，经学位申请人同意，可以作出建议授予硕士学位的决议，报送学位评定委员会审定。

● 部门规章及文件

《国务院学位委员会关于普通高等学校授予来华留学生我国学位试行办法》（1991年10月24日）

　　第12条　来华留学硕士生申请硕士学位以及普通高等学校及其学科、专业对学位申请者论文的评阅和答辩，按学位条例暂行实施办法第六条、第八条和第九条关于对硕士学位论文进行评阅和答辩的规定进行。对论文答辩通过者，经论文答辩委员会主席签字后报送校学位评定委员会批准授予硕士学位；对论文答辩未通过、要求重新答辩者，经论文答辩委员会同意，可在一年内修改论文，重新答辩一次。

　　第17条　我国普通高等学校及其学科、专业，对于来华留学博士生申请博士学位，应按照本试行办法第四条、第十四条、第十五条和第十六条的规定，进行严格的资格审查。审查合格者，参加论文答辩；审查不合格者，不能参加论文答辩。

　　第18条　来华留学博士生申请博士学位以及普通高等学校及其学科、专业对学位申请者博士学位论文的评阅和答辩，按学位条例暂行实施办法第十条、第十二条、第十三条和第十四条的规定进行。对论文答辩通过者，经论文答辩委员会主席签字后报送校学位评定委员会批准授予博士学位；对论文答辩未通过、要求重新答辩者，经论文答辩委员会同意，可在两年内修改论文，重新答辩一次。

### 第二十八条　硕士、博士学位授予

　　学位评定委员会应当根据答辩委员会的决议，在对学位申请进行审核的基础上，作出是否授予硕士、博士学位的决议。

● 部门规章及文件

1. 《博士硕士学位授权审核办法》（2024年1月10日）

第1条 为做好博士硕士学位授权审核工作，保证学位授予和研究生培养质量，根据《中华人民共和国学位条例》及其暂行实施办法、《中华人民共和国行政许可法》，制定本办法。

第2条 博士硕士学位授权审核（以下简称学位授权审核）是指国务院学位委员会依据法定职权批准可授予学位的高等学校和科学研究机构及其可以授予学位的学科（含专业学位类别）的审批行为。

学位授权审核包括新增学位授权审核、学位授权点动态调整两种方式。学位授权点需定期接受核验。

第4条 新增学位授权审核分为新增博士硕士学位授予单位（以下简称新增学位授予单位）审核、学位授予单位新增博士硕士一级学科与专业学位类别学位授权点（以下简称新增学位点）审核、自主审核单位新增学位点审核。其中，自主审核单位新增学位点审核是指经国务院学位委员会审定，具备资格的学位授予单位（即自主审核单位）可以自主按需开展新增学位点的评审，评审通过的学位点报国务院学位委员会核准。

第5条 学位授权点动态调整是指学位授予单位根据需求，自主撤销已有博士硕士学位授权点，新增不超过撤销数量的其他博士硕士学位授权点的调整行为。具体实施办法按国务院学位委员会有关规定执行。

第6条 学位授权点核验是对学位授权点授权资格的周期性审查，重点对学位授权点的条件和人才培养状况进行常态化检测与核验。具体实施办法按国务院学位委员会有关规定执行。

第7条 申请新增学位授予单位、新增学位点和自主审核单位应达到相应的申请基本条件。申请基本条件由国务院学位委员会制定，每6年修订一次。

对服务国家重大需求、落实中央决策部署、保证国家安全具有特殊意义或属于填补全国学科领域空白的新增单位和新增学位点，可适度放宽申请基本条件。

第8条 新增学位授权审核由国务院学位委员会统一部署，原则上每3年开展一次。每次审核都应依据本办法制定相应工作方案，细化明确该次审核的范围、程序、要求等。

第9条 各省（区、市）学位委员会和新疆生产建设兵团学位委员会（以下简称省级学位委员会）负责接收本区域内的新增学位授予单位申请和新增学位点申请，并根据国家、区域经济社会发展对高层次人才的需求，在专家评议基础上，向国务院学位委员会择优推荐新增学位授予单位、新增学位点和自主审核单位。

国务院学位委员会办公室组织专家对新增学位授予单位、新增学位点和自主审核单位进行核查或评议，并报国务院学位委员会批准。

第10条 国务院学位委员会在收到省级学位委员会的推荐意见后，应于3个月内完成审批，不包含专家评议时间。

第11条 新增学位点审核按照《研究生教育学科专业目录》规定的一级学科和专业学位类别进行。

## 2.《国务院学位委员会 教育部 国家发展改革委关于进一步加强在职人员攻读硕士专业学位和授予同等学力人员硕士、博士学位管理工作的意见》（2013年9月30日）

各省、自治区、直辖市学位委员会、教育厅（教委）、发展改革委，中国人民解放军学位委员会，有关部门（单位）教育司（局），有关学位授予单位：

为贯彻落实《国家中长期教育改革和发展规划纲要（2010—2020年）》，多渠道培养造就高层次人才，保证和不断提高人才培养质量，现就进一步加强在职人员攻读硕士专业学位和授予具有研究生毕业同等学力人员硕士、博士学位管理工作提出如下意见。

一、加强规范管理，推动在职人员攻读硕士专业学位和授予同等学力人员硕士、博士学位工作健康发展

支持和鼓励在职人员攻读硕士专业学位，对符合条件和达到规定水平人员授予硕士、博士学位，是培养造就高层次人才的重要途径，对于我国实施人才强国战略，加快人力资源强国建设具有重要意义。

自我国学位制度建立以来，通过开展在职人员攻读硕士专业学位和授予研究生毕业同等学力人员硕士、博士学位等途径，培养造就了大批高层次人才，为经济社会发展特别是创新型国家建设提供了有力的人才支撑。

在研究生教育改革发展的新形势下，在职人员攻读硕士专业学位和授予同等学力人员硕士、博士学位工作面临着新的问题。必须在进一步深化改革、创新培养模式的同时，强化管理、加强监管，推动这两项工作科学、健康发展。

二、端正办学思想，切实保证在职人员培养和学位授予质量

各级研究生教育主管部门和培养单位要高度重视在职人员攻读专业学位培养质量和在职人员学位授予质量，把保证和提高在职人员培养质量和学位授予质量作为提高研究生教育质量的重要内容，抓实抓好。

各研究生培养单位要以保证和提高培养质量为目标，认真研究在职人员培养的特殊规律，按照分类管理、因材施教的原则，制定符合在职人员特点的培养方案和管理办法，创新培养模式。要根据不同学科和课程特点，改进、创新课程考试方法，确保课程教学质量，加强能力水平测试，科学、准确地认定同等学力人员学力水平。

要始终坚持服务需求、保证质量的办学指导思想，从社会需

求出发，切实根据学校自身办学能力，开展在职人员攻读硕士专业学位和授予同等学力人员硕士、博士工作。

三、强化单位责任，确保管理科学规范

培养单位作为开展办学活动和授予学位的主体，对管理各类办学活动、保证在职人员培养质量负首要责任。各培养单位要将在职人员攻读硕士专业学位和授予同等学力人员学位工作的管理全面纳入本单位学位与研究生教育管理体系进行统一管理，禁止院系自行组织招收在职人员攻读硕士专业学位和自行开展同等学力人员申请学位工作。培养单位要统一制定该两项工作的管理办法，规范、细化管理流程，建立并落实管理责任体系，做到责任清晰、责任到人。要实行严格的责任追究制度，做到有责必究、追责必严；对于严重违反规定的，除追究具体管理人员责任外，要追究负责人的领导责任。

培养单位要加强对在职攻读硕士专业学位招生的规范管理，严禁招生工作中的虚假、误导宣传和舞弊、违规行为，实行规范招生、阳光招生。从2014年起，各培养单位的示范性软件学院不再自行组织考试招收软件工程领域工程硕士研究生，其招生工作纳入在职人员攻读硕士专业学位全国联考统一管理。严禁委托中介机构组织和参与在职人员攻读硕士专业学位的招生和教学活动。培养单位要明确在职人员攻读硕士专业学位培养方案、课程设置、教学计划和教学规范等，规定在校学习时间不少于半年或500学时。

同等学力人员的课程水平认定考试由培养单位的研究生管理部门统一管理，在培养单位内进行。研究生培养单位不得以"研究生"和"硕士、博士学位"等名义举办课程进修班。已按《关于委托省级学位与研究生教育主管部门对举办研究生课程进修班进行登记备案的通知》（学位办〔1997〕2号）举办的研究生课程进修班，从本意见发布之日起不得再行招收新学员，待已招收学员完成全部课程学习后即行终止。从本意见发布之日，《关于委托省级学位与研究生教育主管部门对举办研究生课程进修班进行登记备案的通知》即行废止。

培养单位要严格执行国家有关收费政策，按照国家关于行政事业性收费的有关规定管理和使用收费收入。

四、加强政府监管，加大对违规行为处理力度

培养单位的主管部门要加强对培养单位开展在职人员攻读硕士专业学位和授予同等学力人员硕士、博士学位工作的指导监督。各省（区、市）学位委员会和中国人民解放军学位委员会（以下简称省级学位委员会），负责对本地区和军队系统各培养单位开展这两项工作的情况进行定期工作检查。国务院学位委员会对于定期工作检查中存在严重问题、社会反映存在突出问题的培养单位进行重点检查。

省级学位委员会开展定期工作检查，重点是对各培养单位开展有关工作的管理体系、制度是否健全有效，管理过程是否严格规范，管理人员责任是否具体落实进行检查。国务院学位委员会协调和授权有关部门（机构）及专业学位教育指导委员会对在职人员攻读硕士专业学位工作进行教学及培养质量专项评估。

对于检查中发现存在问题的，省级学位委员会应责令培养单位限期整改，对省（区、市）和军队所属培养单位依法做出处理或向培养单位的主管部门提出处理建议。对于专项评估中发现存在问题的，有关部门（机构）和专业学位教育指导委员会应向培养单位提出整改建议；对于问题严重或整改不力的，有关部门（机构）以及专业学位教育指导委员会可向国务院学位委员会提出暂停其开展该项工作、暂停或撤销其授予学位的资格等处理建议。国务院学位委员会对管理混乱、不能保证所授学位质量的研究生培养单位，依法做出处理决定。

在国务院学位委员会统一组织的博士学位论文抽查和省级学

位委员会组织的硕士学位论文抽查工作中，加大对在职攻读硕士专业学位和同等学力申请学位人员学位论文的抽查比例，对于论文抽查存在问题的培养单位按有关规定进行处理。

五、完善信息服务，加强信息公开和社会监督

建立、完善全国在职人员攻读硕士专业学位和授予同等学力人员硕士、博士学位管理信息系统，对在职人员招生、培养、课程水平认定和学位授予等环节进行全过程监管。培养单位应利用学籍学历管理信息和学位授予信息，严格招生和学位授予资格条件审查。

对于招收录取的在职攻读硕士专业学位研究生，资格审查获得通过的同等学力申请学位人员，以及经过所有水平认定环节拟授予硕士、博士学位的同等学力人员，培养单位须对有关招生录取、资格审查和学力水平认定信息进行网上公示。招收录取的在职攻读专业学位研究生、以同等学力申请硕士学位人员的公示在培养单位网站进行；以同等学力申请博士学位人员的公示通过全国管理信息平台统一进行。

六、加强组织领导，确保各项管理措施落到实处

各省（区、市）学位委员会、教育厅（教委）、中国人民解放军学位委员会、有关培养单位主管部门和各培养单位，要高度重视在职人员攻读硕士专业学位培养和授予同等学力人员硕士、博士学位的规范管理工作，认真按照本意见要求建立工作制度，制定程序办法和具体实施细则，做好新老政策衔接和平稳过渡，严格按照有关规定进行管理、监督和检查，确保各项措施落到实处，切实保障和推动这两项工作规范、有序进行，保证人才培养和学位授予质量。

**第二十九条　证书颁发**

学位授予单位应当根据学位评定委员会授予学士、硕士、博士学位的决议，公布授予学位的人员名单，颁发学位证书，并向省级学位委员会报送学位授予信息。省级学位委员会将本行政区域的学位授予信息报国务院学位委员会备案。

● 部门规章及文件

《学位证书和学位授予信息管理办法》（2015年6月26日）

第8条　学位授予信息主要包括：学位获得者个人基本信息、学业信息、研究生学位论文信息等。信息报送内容由国务院学位委员会办公室制定。

第9条　学位授予单位根据国务院学位委员会办公室制定的学位授予信息数据结构和有关要求，结合本单位实际情况，确定信息收集范围，采集学位授予信息并报送省级学位主管部门。

第10条　省级学位主管部门汇总、审核、统计、发布本地区学位授予单位的学位授予信息并报送国务院学位委员会办公室。

第11条　国务院学位委员会办公室汇总各省（自治区、直辖市）和军队系统的学位授予信息，开展学位授予信息的统计、发布。

第12条　学位授予单位在做出撤销学位的决定后，应及时将有关信息报送省级学位主管部门和国务院学位委员会办公室。

第13条　确需更改的学位授予信息，由学位授予单位提出申请，经省级学位主管部门审核确认后，由省级学位主管部门报送国务院学位委员会办公室进行更改。

第15条　省级学位主管部门负责：

（一）本地区学位证书和学位授予信息的监督管理，查处违规行为；

（二）组织实施本地区学位授予信息的汇总、审核和报送。

（三）对本地区学位授予信息的更改进行审核确认。

第 16 条　国务院学位委员会办公室负责：

（一）学位证书和学位授予信息的规范管理，制定有关的管理办法和工作要求，指导查处违规行为；

（二）组织开展学位授予信息报送工作；

（三）学位授予信息系统的运行管理；

（四）学位证书信息网上查询的监管。

● 案例指引

**田某诉某大学拒绝颁发毕业证、学位证案**（《最高人民法院公报》2015 年第 8 期）

**裁判要旨：**1. 高等学校对受教育者因违反校规、校纪而拒绝颁发学历证书、学位证书，受教育者不服的，可以依法提起行政诉讼。

2. 高等学校依据违背国家法律、行政法规或规章的校规、校纪，对受教育者作出退学处理等决定的，人民法院不予支持。

3. 高等学校对因违反校规、校纪的受教育者作出影响其基本权利的决定时，应当允许其申辩并在决定作出后及时送达，否则视为违反法定程序。

### 第三十条　论文保存及保密管理

学位授予单位应当保存学位申请人的申请材料和学位论文、实践成果等档案资料；博士学位论文应当同时交存国家图书馆和有关专业图书馆。

涉密学位论文、实践成果及学位授予过程应当依照保密法律、行政法规和国家有关保密规定，加强保密管理。

● 部门规章及文件

《涉密研究生与涉密学位论文管理办法》（2016 年 11 月 25 日）

第一章　总　　则

第 1 条　为加强涉密研究生与涉密学位论文的管理，根据

《中华人民共和国保守国家秘密法》和国家有关保密法律法规，制定本办法。

第2条 本办法所称涉密研究生是指直接参与涉及国家秘密的教学、科研项目、任务等工作或者在教学、科研过程中接触、知悉、产生和处理较多国家秘密事项的在读研究生。

在职攻读学位的研究生，已被确定为涉密人员，确因教学、科研需要，接触、知悉、产生和处理国家秘密的，依据涉密人员相关规定进行管理。

第3条 本办法所称涉密学位论文是指以文字、数据、符号、图形、图像、声音等方式记载国家秘密信息的学位论文。涉密学位论文的导师原则上应当是涉密人员。

第4条 涉密研究生的培养单位须具备符合国家保密要求的保密条件及保密工作机构，建立由导师牵头、研究生教育相关部门、保密工作机构配合的工作机制，对涉密研究生及有关人员履行职责情况开展经常性的保密监督检查和教育。

第5条 涉密研究生的培养单位应严格控制涉密研究生的数量和国家秘密知悉范围，涉密研究生一般只能接触、知悉、产生和处理秘密级国家秘密事项；确需接触、知悉机密级国家秘密事项的，应由导师提出申请，报培养单位批准。

第6条 不具有中华人民共和国国籍或者获得国（境）外永久居留权、长期居留许可的研究生或因其他原因不宜接触国家秘密事项的研究生，不得确定为涉密研究生。

## 第二章 涉密研究生管理

第7条 培养单位确定涉密研究生，应在研究生开展涉密内容研究或涉密学位论文开题前，由研究生本人提出申请、导师确认，经培养单位按程序审查批准，签订保密协议。

第8条 涉密研究生的导师是研究生在学期间保密管理的第一责任人。

第 9 条　培养单位应定期对涉密研究生进行保密教育培训，确保每位涉密研究生每年接受不少于 4 个学时的保密专题教育培训。

第 10 条　涉密研究生的出入境证件应由培养单位统一保管。培养单位对拟出国（境）的涉密研究生应按有关保密要求履行保密审批手续。涉密研究生经批准出国（境）的，应进行行前保密提醒谈话，签订出国（境）保密承诺书。

涉密研究生应当在返回后一周内，将其出入境证件交由培养单位统一保管，并书面报告出国（境）期间保密规定执行情况。

第 11 条　涉密研究生在境内参加有境外机构、组织和人员参与的学术交流等活动，应经导师批准，并进行保密提醒谈话。

第 12 条　涉密研究生公开发表学术论文或公布本人相关科研工作信息，必须经导师同意后报培养单位审查批准方可公开发表或公布。

第 13 条　涉密研究生因毕业、涉密工作结束等原因不再接触国家秘密事项的，培养单位应对涉密研究生进行保密教育谈话，告知其承担保守国家秘密的法律义务，严格核查、督促清退所有涉密载体，掌握其就业、去向等相关情况，并与其签订保密协议。

上述手续办理完结，涉密研究生方可办理离校手续。

第 14 条　涉密研究生在学期间，如发现有违反保密法律、法规和单位各项保密规章制度的行为，导师和有关部门应及时纠正与处理；对不适合继续进行涉密工作的研究生应及时终止其参与涉密工作，并按有关规定办理相关手续。

## 第三章　涉密学位论文的定密与管理

第 15 条　涉密学位论文定密和标志：

（一）学位论文主题、研究方向、主要内容或成果涉及国家秘密的，开题前，导师和研究生必须根据所执行科研项目的密级定密；学位论文主题、研究方向和内容等属于自发研究，没有涉密科研、生产项目或任务支撑，相关内容泄露后会损害国家安全和利益、确需定密的，开题前应当按照要求，向培养单位研究生教育管理部门提出学位论文定密申请（内容包括密级、保密期限和知悉范围等）。

（二）培养单位研究生教育管理部门按照国家秘密定密管理有关规定，对学位论文的定密申请进行审核，按程序报培养单位定密责任人或有相应定密权的上级机关、单位综合考虑本单位在该涉密研究领域的保密条件保障和人才培养能力决定是否批准。

（三）涉密学位论文的密级、保密期限和知悉范围应根据情况变化，依照国家有关规定及时变更。

（四）涉密学位论文必须在封面或首页做出国家秘密标志。非书面形式的涉密载体，要以能够明显识别的方式予以标注；电子文档中含有国家秘密内容的，应做出国家秘密标志，且标志与文档正文不可分离。

第16条　涉密学位论文应作为国家秘密载体进行严格管理。对主要场所、过程和环节按照下列要求加强管理：

（一）涉密学位论文的起草、研究、实验、存储等应当在符合保密要求的办公场所进行，按照国家保密有关规定和标准配备、使用必要的防护设施设备，确需在办公场所外使用的，应当遵守有关保密规定。

（二）涉密学位论文的研究过程以及开题、中期检查、论文评阅、答辩和学位审核等环节的有关工作，需按照国家对涉密活动的有关要求进行。

（三）学位论文涉密内容的撰写及修改必须在涉密计算机上进行，使用的存储介质（光盘、优盘、移动硬盘等），必须是由培养单位统一购置、分类、编号、登记的涉密存储介质，按相关涉密设备、涉密存储介质的保密规定要求，按同密级文件进行管理。

严禁使用非涉密存储介质及私人所有的存储介质处理涉密内容。

（四）涉密学位论文的打印、复印和装订等制作过程符合保密要求。涉密学位论文的送审应当履行清点、编号、登记、签收等手续，必须采用密封包装，在信封上标明密级、编号和收发件单位名称，并通过机要交通、机要通信或者派专人递送的方式递送。评审后要及时按上述方式收回。

（五）培养单位学位评定委员会做出授予学位的决定后，涉密学位论文应按照保密管理要求和流程及时完成归档工作，研究生本人不得私自留存涉密学位论文。

（六）涉密学位论文未解密公开前，不得对外公开。保密期满后，如需对外公开，应对该涉密学位论文重新进行保密审查，满足解密条件并履行解密手续后，方可对外公开。

（七）保密法律法规等规定的其他管理要求。

第17条　涉密学位论文在保密期限内，有关人员经审批后可以按规定程序查阅。

涉密学位论文按照国家秘密定密管理有关规定解密后，可以公开的应按要求向国家图书馆报送，并向培养单位图书馆和院（系）资料室等单位移交。

## 第四章　涉密研究生的权益保障

第18条　培养单位应事先告知涉密研究生所承担的保密责任和义务，通过多种措施依法维护涉密研究生的合法权益。

第19条　对涉密研究生因保密原因不能公开发表学术论文等科研成果，培养单位应制定专门的成果考核办法，并在评奖评优方面给予政策保障。

第20条　培养单位要为涉密研究生提供履行保密义务所需的涉密场所、设施设备等基本条件保障。

## 第五章　奖励与处罚

第21条　培养单位对在涉密研究生和涉密学位论文管理工

作中作出突出贡献的单位或者个人，应给予表彰与奖励。

第 22 条　对在涉密研究生和涉密学位论文管理工作中未能依法履行保密管理职责的相关责任人，培养单位和相关部门应当追究责任并给予相应处分，情节严重的，依法追究法律责任。

第 23 条　涉密研究生在学期间未能严格遵守保密管理制度造成不良后果的，视情节轻重给予相应处分；违反保密法律法规造成严重后果的，应依法追究法律责任。

第六章　附　　则

第 24 条　各培养单位可以根据本办法制定实施细则。军队院校涉密研究生和涉密学位论文管理依据军队有关规定执行。

第 25 条　本办法自印发之日起实行。

# 第六章　学位质量保障

### 第三十一条　学位质量保障制度

学位授予单位应当建立本单位学位质量保障制度，加强招生、培养、学位授予等全过程质量管理，及时公开相关信息，接受社会监督，保证授予学位的质量。

● 部门规章及文件

1.《博士硕士学位论文抽检办法》（2014 年 1 月 29 日）

第 1 条　为保证学位授予质量，做好博士、硕士学位论文抽检工作，制定本办法。

第 2 条　博士学位论文抽检由国务院学位委员会办公室组织实施，硕士学位论文抽检由各省级学位委员会组织实施；其中，军队系统学位论文抽检由中国人民解放军学位委员会组织实施。

第 3 条　学位论文抽检每年进行一次，抽检范围为上一学年度授予博士、硕士学位的论文，博士学位论文的抽检比例为 10%

左右，硕士学位论文的抽检比例为5%左右。

第4条 博士学位论文抽检从国家图书馆直接调取学位论文。硕士学位论文的抽取方式，由各省级学位委员会和中国人民解放军学位委员会自行确定。

第5条 按照学术学位和专业学位分别制定博士学位论文评议要素和硕士学位论文评议要素。

第6条 每篇抽检的学位论文送3位同行专家进行评议，专家按照不同学位类型的要求对论文提出评议意见。

第7条 3位专家中有2位以上（含2位）专家评议意见为"不合格"的学位论文，将认定为"存在问题学位论文"。

第8条 3位专家中有1位专家评议意见为"不合格"的学位论文，将再送2位同行专家进行复评。2位复评专家中有1位以上（含1位）专家评议意见为"不合格"的学位论文，将认定为"存在问题学位论文"。

第9条 专家评议意见由各级抽检部门向学位授予单位反馈。硕士学位论文抽检的专家评议意见还应同时报送国务院学位委员会办公室。

第10条 学位论文抽检专家评议意见的使用。

（一）学位论文抽检专家评议意见以适当方式公开。

（二）对连续2年均有"存在问题学位论文"，且比例较高或篇数较多的学位授予单位，进行质量约谈。

（三）在学位授权点合格评估中，将学位论文抽检结果作为重要指标，对"存在问题学位论文"比例较高或篇数较多的学位授权点，依据有关程序，责令限期整改。经整改仍无法达到要求者，视为不能保证所授学位的学术水平，将撤销学位授权。

（四）学位授予单位应将学位论文抽检专家评议意见，作为本单位导师招生资格确定、研究生教育资源配置的重要依据。

第11条 学位论文抽检坚决排除非学术因素的干扰，任何单位和个人都不得以任何方式干扰抽检工作的正常进行，参与评议工作的专家要公正公平，独立客观地完成评议工作。

第 12 条 本办法由国务院学位委员会办公室负责解释。

## 2.《国务院学位委员会 教育部关于加强学位与研究生教育质量保证和监督体系建设的意见》（2014 年 1 月 29 日）

各省、自治区、直辖市学位委员会、教育厅（教委），新疆生产建设兵团教育局，中国科学院大学，中国社会科学院研究生院，中共中央党校学位评定委员会，中国人民解放军学位委员会，各学位授予单位：

为贯彻落实党的十八大和十八届三中全会精神以及《国家中长期教育改革和发展规划纲要（2010-2020 年）》，实施《教育部国家发展改革委财政部关于深化研究生教育改革的意见》（教研〔2013〕1 号），走内涵式发展道路，提高研究生教育质量，现就加强学位与研究生教育质量保证和监督体系建设提出如下意见。

一、加强质量保证和监督体系建设的意义

加强质量保证和监督体系建设，在学位与研究生教育事业发展中具有重要作用。面对高层次人才培养的新形势，提高质量是研究生教育改革和发展最核心最紧迫的任务，亟需进一步完善与研究生教育强国建设相适应、符合国情和遵循研究生教育规律的质量保证和监督体系。

二、总体思路

1. 指导思想。全面贯彻落实研究生教育改革精神，转变政府职能，推进管办评分离，树立科学的质量观，以研究生和导师为核心，以学位授予单位为重心，从研究生教育基本活动入手，明确各质量主体职责，保证研究生教育基本质量，创新机制，激发学位授予单位追求卓越的积极性和创造性，不断提高人才培养水平。

2. 建设目标。构建以学位授予单位质量保证为基础，教育行政部门监管为引导，学术组织、行业部门和社会机构积极参与的内部质量保证和外部质量监督体系。内部质量保证体系要明确学位授予单位第一主体的职责，增强质量自律，培育质量文化。外部质量监督体系要加强教育行政部门的政策支撑与宏观监管，以质量为主导统筹资源配置，发挥学术组织、行业部门和社会机构的质量监督作用。

3. 基本原则。①标准先行。根据经济社会发展多样化需求，制订不同类型、层次和学科类别研究生培养和学位授予标准。②分类监管。根据不同主体和对象，采取相应的质量监管方式，加强分类指导和管理。③统筹协调。充分调动各主体的创造性，形成上下配合、内外协调、积极有效的质量保证和监督机制。④支撑发展。质量保证和监督体系建设要有利于促进学位与研究生教育事业科学发展，有利于全面提升研究生教育质量。

三、强化学位授予单位的质量保证

1. 学位授予单位是研究生教育质量保证的主体，要按照《学位授予单位研究生教育质量保证体系建设基本规范》（见附件），健全内部质量保证体系，确立与本单位办学定位相一致的人才培养和学位授予质量标准，建立以培养质量为主导的研究生教育资源配置机制。

2. 学位授予单位要充分发挥学位评定委员会、学术委员会等学术组织在质量保证方面的作用，审定研究生培养方案和学位授予标准，指导课程体系建设，开展质量评价等工作。不断完善导师管理评价机制，把师德师风和研究生培养质量作为导师评价的重点，加强导师对研究生思想、学习和科研实践的教育与指导。

3. 学位授予单位要统筹各类研究生教育经费，建立健全研究生奖助体系，激励优秀人才脱颖而出。加强研究生培养过程管理，畅通分流渠道，加大对不合格学生的淘汰力度，激发研究生学习的积极性和主动性。把学术道德教育和学术规范训练贯穿到研究生培养全过程，建立学风监管与惩戒机制，严惩学术不端行为。

4. 学位授予单位要建立研究生教育质量自我评估制度，组织专家定期对本单位学位授权点和研究生培养质量进行诊断式评估，发现问题，改进学科建设和人才培养工作，不断提高研究生教育质量。鼓励有条件的单位积极开展国际评估。

四、加强教育行政部门的质量监管

1. 委托国务院学位委员会学科评议组和全国专业学位研究生教育指导委员会，按一级学科和专业学位类别分别制订《博士硕士学位基本要求》，为学位授予单位实施研究生培养、各级教育行政部门开展质量监管提供基本依据。

2. 建立学位授权点合格评估制度，以人才培养为核心，制订科学的评估标准，开展研究生教育质量评估工作。按类型、分层次组织实施评估工作，提高评估实效。对存在质量问题的学位授予单位，采取约谈、通报、限期整改直至撤销学位授权等处理办法。不断改进学科评估工作。

3. 开展博士、硕士学位论文抽检工作，强化学位授予单位、导师和研究生的质量意识，加强学位授予管理，保证学位授予质量。建立研究生教育绩效拨款制度，推动人才培养的改革与创新，促进研究生教育质量不断提升。

4. 建立全国研究生教育质量信息平台，及时公开学位与研究生教育相关信息，开展质量调查，定期发布教育行政部门、学位授予单位和相关学术组织的研究生教育质量报告，促进学位授予单位质量自律，加强质量预警，营造良好的质量环境。

5. 省级教育行政部门要加大对本地区学位与研究生教育质量的监管力度，做好硕士学位授权点合格评估、省级重点学科评选、硕士学位论文抽检、优秀学位论文评选等工作。积极推动研究生教育质量监督区域协作机制建设。

五、充分发挥学术组织、行业部门和社会机构的监督作用

1. 充分发挥国务院学位委员会学科评议组、全国专业学位研究生教育指导委员会、中国学位与研究生教育学会等学术组织在研究生教育质量调查研究、标准制订、评估论证及学风建设等方面的重要作用。

2. 充分发挥行业部门在人才培养、需求分析、标准制订、实践训练和专业学位质量认证等方面的积极作用。鼓励社会机构积极参与研究生教育质量监督,逐步建立独立、科学、公正,且具有良好声誉的研究生教育质量社会评价机制。

各省级教育行政部门和学位授予单位要加强领导,把学位与研究生教育质量保证和监督体系建设作为推进研究生教育改革与发展的重要内容,认真做好组织实施工作。省级教育行政部门要根据本地区实际,制订相关措施,统筹本地区研究生教育质量保证和监督工作。学位授予单位要在全面总结已有经验的基础上,健全质量保证体系,不断提高研究生教育质量。

附件:学位授予单位研究生教育质量保证体系建设基本规范(略)

### 第三十二条 指导教师

学位授予单位应当为研究生配备品行良好、具有较高学术水平或者较强实践能力的教师、科研人员或者专业人员担任指导教师,建立遴选、考核、监督和动态调整机制。

研究生指导教师应当为人师表,履行立德树人职责,关心爱护学生,指导学生开展相关学术研究和专业实践、遵守学术道德和学术规范、提高学术水平或者专业水平。

● **法　律**

1. **《职业教育法》**（2022年4月20日）

第46条　国家建立健全符合职业教育特点和发展要求的职业学校教师岗位设置和职务（职称）评聘制度。

职业学校的专业课教师（含实习指导教师）应当具有一定年限的相应工作经历或者实践经验，达到相应的技术技能水平。

具备条件的企业、事业单位经营管理和专业技术人员，以及其他有专业知识或者特殊技能的人员，经教育教学能力培训合格的，可以担任职业学校的专职或者兼职专业课教师；取得教师资格的，可以根据其技术职称聘任为相应的教师职务。取得职业学校专业课教师资格可以视情况降低学历要求。

● **行政法规及文件**

2. **《教师资格条例》**（1995年12月12日）

第5条　取得教师资格的公民，可以在本级及其以下等级的各类学校和其他教育机构担任教师；但是，取得中等职业学校实习指导教师资格的公民只能在中等专业学校、技工学校、职业高级中学或者初级职业学校担任实习指导教师。

高级中学教师资格与中等职业学校教师资格相互通用。

● **部门规章及文件**

3. **《研究生导师指导行为准则》**（2020年10月30日）

导师是研究生培养的第一责任人，肩负着培养高层次创新人才的崇高使命。长期以来，广大导师贯彻党的教育方针，立德修身、严谨治学、潜心育人，为研究生教育事业发展和创新型国家建设作出了突出贡献。为进一步加强研究生导师队伍建设，规范指导行为，努力造就有理想信念、有道德情操、有扎实学识、有仁爱之心的新时代优秀导师，在《教育部关于全面落实研究生导师立德树人职责的意见》（教研〔2018〕1号）、《新时代高校教师职业行为十项准则》基础上，制定以下准则。

一、坚持正确思想引领。坚持以习近平新时代中国特色社会主义思想为指导，模范践行社会主义核心价值观，强化对研究生的思想政治教育，引导研究生树立正确的世界观、人生观、价值观，增强使命感、责任感，既做学业导师又做人生导师。不得有违背党的理论和路线方针政策、违反国家法律法规、损害党和国家形象、背离社会主义核心价值观的言行。

二、科学公正参与招生。在参与招生宣传、命题阅卷、复试录取等工作中，严格遵守有关规定，公平公正，科学选才。认真完成研究生考试命题、复试、录取等各环节工作，确保录取研究生的政治素养和业务水平。不得组织或参与任何有可能损害考试招生公平公正的活动。

三、精心尽力投入指导。根据社会需求、培养条件和指导能力，合理调整自身指导研究生数量，确保足够的时间和精力提供指导，及时督促指导研究生完成课程学习、科学研究、专业实习实践和学位论文写作等任务；采用多种培养方式，激发研究生创新活力。不得对研究生的学业进程及面临的学业问题疏于监督和指导。

四、正确履行指导职责。遵循研究生教育规律和人才成长规律，因材施教；合理指导研究生学习、科研与实习实践活动；综合开题、中期考核等关键节点考核情况，提出研究生分流退出建议。不得要求研究生从事与学业、科研、社会服务无关的事务，不得违规随意拖延研究生毕业时间。

五、严格遵守学术规范。秉持科学精神，坚持严谨治学，带头维护学术尊严和科研诚信；以身作则，强化研究生学术规范训练，尊重他人劳动成果，杜绝学术不端行为，对与研究生联合署名的科研成果承担相应责任。不得有违反学术规范、损害研究生学术科研权益等行为。

六、把关学位论文质量。加强培养过程管理，按照培养方案和时间节点要求，指导研究生做好论文选题、开题、研究及撰写等工作；严格执行学位授予要求，对研究生学位论文质量严格把关。不得将不符合学术规范和质量要求的学位论文提交评审和答辩。

七、严格经费使用管理。鼓励研究生积极参与科学研究、社会实践和学术交流，按规定为研究生提供相应经费支持，确保研究生正当权益。不得以研究生名义虚报、冒领、挪用、侵占科研经费或其他费用。

八、构建和谐师生关系。落实立德树人根本任务，加强人文关怀，关注研究生学业、就业压力和心理健康，建立良好的师生互动机制。不得侮辱研究生人格，不得与研究生发生不正当关系。

● 案例指引

1. 某学院教师刘某某私自收取并侵占学生费用问题[①]

**案例要旨**：刘某某利用担任文史与法学学院学工办副主任、辅导员、班主任等的便利，通过支付宝和微信转账方式，私自收取并侵占该校学生学杂费和班费共计 77 万余元。学校将刘某某案件移送公安机关立案侦查，公安机关对刘某某执行刑事拘留。刘某某的行为违反了《新时代高校教师职业行为十项准则》第二、第九项规定。根据《中国共产党纪律处分条例》《教育部关于高校教师师德失范行为处理的指导意见》，给予刘某某开除党籍、免职等处分，根据司法机关对其涉嫌犯罪问题的处理结论，依法依规给予进一步处理。

---

[①] 参见《教育部曝光 6 起违反教师职业行为十项准则典型案例》，载教育部网站，http://www.moe.gov.cn/jyb_xwfb/gzdt_gzdt/s5987/201907/t20190731_393178.html，最后访问时间：2024 年 4 月 26 日。

2. 某大学教师华某某性骚扰学生问题[①]

**案例要旨**：华某某以辅导毕业设计为由，约学生单独外出，在私家车内对学生有性骚扰行为，违反了《新时代高校教师职业行为十项准则》第六项规定。根据《中国共产党纪律处分条例》《教育部关于高校教师师德失范行为处理的指导意见》，给予华某某留党察看一年、降低岗位等级处分，调离教师岗位，取消副教授专业技术职务资格、研究生指导教师资格，撤销所获荣誉称号、追回相关奖金，依法撤销教师资格。

### 第三十三条　博士研究生管理

博士学位授予单位应当立足培养高层次创新人才，加强博士学位授予点建设，加大对博士研究生的培养、管理和支持力度，提高授予博士学位的质量。

博士研究生指导教师应当认真履行博士研究生培养职责，在培养关键环节严格把关，全过程加强指导，提高培养质量。

博士研究生应当努力钻研和实践，认真准备学位论文或者实践成果，确保符合学术规范和创新要求。

● 部门规章及文件

**《教育部关于开展高等学校和工程研究院所联合培养博士研究生试点工作的通知》**（2010年3月30日）

一、提高认识，高度重视联合培养博士研究生工作。各试点高校和工程院所要从主动适应经济发展方式转变、经济结构调整和新型战略产业培育的角度，从建设人力资源强国、推动教育事业科学发展的高度，深刻认识联合培养博士研究生试点工作的重要

---

[①] 参见《教育部曝光6起违反教师职业行为十项准则典型案例》，载教育部网站，http://www.moe.gov.cn/jyb_xwfb/gzdt_gzdt/s5987/201907/t20190731_393178.html，最后访问时间：2024年4月26日。

意义，把此项试点工作放在十分突出的位置予以高度重视，积极探索联合培养工作规律，逐步丰富联合培养内涵，将联合培养工作落到实处，推动联合培养工作取得积极成效。

二、设立专项计划，确保联合培养博士研究生工作落实。根据有关高校和工程科研院所已有开展科研和人才培养等合作基础，综合考虑高校和工程科研院所的学科专业结构、科研经费、导师力量等培养条件，2010年增加北京大学、清华大学、北京科技大学、中国矿业大学（北京）、东北大学、南京理工大学、中国科技大学等7所高校博士研究生招生计划72人，专门用于与中国工程物理研究院等6个工程科研院所开展联合培养博士研究生工作（见附件1）。同时增加北京航空航天大学、北京科技大学、北京邮电大学、北京师范大学4所高校博士研究生招生计划16名，专门用于与北京矿冶研究总院、电信科学技术研究院、中国环境科技研究院开展原有方式的联合培养工作（见附件2）。此项招生计划为试点工作专项招生计划，全部为国家计划，请有关高校和科研机构专项计划专用，切实将该项计划落实到联合培养工作之中。

三、突出创新，进一步完善联合培养工作制度体系。联合培养试点工作要以《高等学校和科研院所联合培养博士研究生工作暂行办法》（教研〔2009〕5号）为基本依据，围绕高层次创新型工程科技人才培养这一根本任务，不断进行制度和方式方法创新，研究提出适应联合培养特点和拔尖创新人才成长规律的管理制度、配套政策和合作办法，为建立健全联合培养长效机制提供管理依据和制度保障。要按照"联合招生、合作培养、双重管理、资源（成果）共享"的基本模式，逐步优化培养方案，使联合培养工作成为培养高层次拔尖创新工程科技人才的重要渠道。

四、加强协作，精心实施，不断推进联合培养工作向深层次发展。有关高等学校和科研机构要从大局出发，密切配合，共同担负起对联合培养博士研究生的培养和管理责任。双方要以联合培养为基础,充分发挥双方功能和资源优势,实现强强联合,形成教育、科研、管理合力,共同构建拔尖创新工程科技人才和科学研究新的合作平台。双方要结合本校和本院实际情况,认真研究,充分协商,制订联合培养博士研究生试点工作实施方案,对联合培养所涉及的各个环节和各个方面的工作做出具体安排。

### 第三十四条　质量合格评估

国务院教育行政部门和省级学位委员会应当在各自职责范围内定期组织专家对已经批准的学位授予单位及学位授予点进行质量评估。对经质量评估确认不能保证所授学位质量的,责令限期整改;情节严重的,由原审批单位撤销相应学位授予资格。

自主开展增设硕士、博士学位授予点审核的学位授予单位,研究生培养质量达不到规定标准或者学位质量管理存在严重问题的,国务院学位委员会应当撤销其自主审核资格。

● 部门规章及文件

**《普通高等学校本科教育教学审核评估实施方案(2021—2025年)》**
(2021年1月21日)

一、指导思想

以习近平新时代中国特色社会主义思想为指导,全面贯彻落实党的教育方针,坚持教育为人民服务、为中国共产党治国理政服务、为巩固和发展中国特色社会主义制度服务、为改革开放和社会主义现代化建设服务。全面落实立德树人根本任务,坚决破除"五唯"顽瘴痼疾,扭转不科学教育评价导向,确保人才培养中心地位和本科教育教学核心地位。推进评估分类,以评促建、以评促改、以评促管、以评促强,推动高校积极构建自觉、自省、自律、自查、自纠的大学质量文化，建立健全中国特色、世界水平的本科教育教学质量保障体系，引导高校内涵发展、特色发展、创新发展，培养德智体美劳全面发展的社会主义建设者和接班人。

二、基本原则

（一）坚持立德树人。把牢社会主义办学方向，构建以立德树人成效为根本标准的评估体系，加强对学校办学方向、育人过程、学生发展、质量保障体系等方面的审核，引导高校构建"三全育人"格局。

（二）坚持推进改革。紧扣本科教育教学改革主线，落实"以本为本""四个回归"，强化学生中心、产出导向、持续改进，以评估理念引领改革、以评估举措落实改革、以评估标准检验改革，实现高质量内涵式发展。

（三）坚持分类指导。适应高等教育多样化发展需求，依据不同层次不同类型高校办学定位、培养目标、教育教学水平和质量保障体系建设情况，实施分类评价、精准评价，引导和激励高校各展所长、特色发展。

（四）坚持问题导向。建立"问题清单"，严把高校正确办学方向，落实本科人才培养底线要求，提出改进发展意见，强化评估结果使用和督导复查，推动高校落实主体责任、建立持续改进长效机制，培育践行高校质量文化。

（五）坚持方法创新。综合运用互联网、大数据、人工智能等现代信息技术手段，深度挖掘常态监测数据，采取线上与入校结合、定性与定量结合、明察与暗访结合等方式，切实减轻高校负担，提高工作实效。

三、评估对象、周期及分类

（一）评估对象和周期。经国家正式批准独立设置的普通本科高校均应参加审核评估，其中：新建普通本科高校应先参加普通高等学校本科教学工作合格评估，原则上获得"通过"结论5

年后方可参加本轮审核评估。

审核评估每5年一个周期,本轮审核评估时间为2021—2025年。

(二)评估分类。根据高等教育整体布局结构和高校办学定位、服务面向、发展实际,本轮审核评估分为两大类。高校可根据大学章程和发展规划,综合考虑各自办学定位、人才培养目标和质量保障体系建设情况等进行自主选择。

1. 第一类审核评估针对具有世界一流办学目标、一流师资队伍和育人平台,培养一流拔尖创新人才,服务国家重大战略需求的普通本科高校。重点考察建设世界一流大学所必备的质量保障能力及本科教育教学综合改革举措与成效。

2. 第二类审核评估针对高校的办学定位和办学历史不同,具体分为三种:一是适用于已参加过上轮审核评估,重点以学术型人才培养为主要方向的普通本科高校;二是适用于已参加过上轮审核评估,重点以应用型人才培养为主要方向的普通本科高校;三是适用于已通过合格评估5年以上,首次参加审核评估、本科办学历史较短的地方应用型普通本科高校。第二类审核评估重点考察高校本科人才培养目标定位、资源条件、培养过程、学生发展、教学成效等。

四、评估程序

审核评估程序包括评估申请、学校自评、专家评审、反馈结论、限期整改、督导复查。

(一)评估申请。高校需向教育行政部门提出申请,包括选择评估类型和评估时间。中央部门所属高校(包括部省合建高校,下同)向教育部提出申请。地方高校向省级教育行政部门提出申请,其中申请参加第一类审核评估由省级教育行政部门向教育部推荐。

教育部普通高等学校本科教育教学评估专家委员会(以下简称教育部评估专家委员会)审议第一类审核评估参评高校。

（二）学校自评。高校成立由主要负责人任组长的审核评估工作领导小组，落实主体责任，按要求参加评估培训，对照评估重点内容和指标体系，结合实际和上一轮评估整改情况，制订工作方案，全面深入开展自评工作，形成《自评报告》并公示。

（三）专家评审。评估专家统一从全国审核评估专家库中产生，人数为15—21人。原则上，外省（区、市）专家人数不少于评估专家组人数的三分之二、专家组组长由外省（区、市）专家担任。采取审阅材料、线上访谈、随机暗访等方式进行线上评估，在全面考察的基础上，提出需要入校深入考察的存疑问题，形成专家个人线上评估意见。专家组组长根据线上评估情况，确定5—9位入校评估专家，在2—4天内重点考察线上评估提出的存疑问题。综合线上评估和入校评估总体情况，制订问题清单，形成写实性《审核评估报告》。

通过教育部认证（评估）并在有效期内的专业（课程），免于评估考察，切实减轻高校负担。

（四）反馈结论。教育部和各省级教育行政部门分别负责审议《审核评估报告》，通过后作为评估结论反馈高校，并在一定范围内公开。对于突破办学规范和办学条件底线等问题突出的高校，教育部和有关省级教育行政部门要采取约谈负责人、减少招生计划和限制新增本科专业备案等问责措施。教育部每年向社会公布完成审核评估的高校名单，并在完成评估的高校中征集本科教育教学示范案例，经教育部评估专家委员会审议后发布，做好经验推广、示范引领。

（五）限期整改。高校应在评估结论反馈30日内，制订并提交《整改方案》。评估整改坚持问题导向，找准问题原因，排查薄弱环节，提出解决举措，加强制度建设。建立整改工作台账，实行督查督办和问责制度，持续追踪整改进展，确保整改取得实效。原则上，高校需在两年内完成整改并提交《整改报告》。

（六）督导复查。教育部和各省级教育行政部门以随机抽查的方式，对高校整改情况进行督导复查。对于评估整改落实不力、关键办学指标评估后下滑的高校，将采取约谈高校负责人、减少招生计划、限制新增本科专业备案和公开曝光等问责措施。

五、组织管理

教育部负责制定审核评估政策、总体规划，统筹协调、指导监督各地各校审核评估工作。委托教育部高等教育教学评估中心（以下简称教育部评估中心）具体组织实施中央部门所属高校第一、二类审核评估和地方高校第一类审核评估工作。

省级教育行政部门依据国家有关规定和要求，结合实际，负责制订本地区审核评估实施方案、总体规划，报教育部备案。组织所属高校第二类审核评估及推荐高校参加第一类审核评估工作。选取1—2所高校委托教育部评估中心指导开展第二类审核评估试点，为全面推开本地区审核评估工作做好示范。

教育部评估中心制订专家管理办法，建设全国统一、开放共享的专家库，建立专家组织推荐、专业培训、持证入库、随机遴选、异地选派及淘汰退出机制。

审核评估经费由有关具体组织部门负责落实。

六、纪律与监督

审核评估实行信息公开制度，严肃评估纪律，开展"阳光评估"，广泛接受学校、教师、学生和社会的监督，确保评估工作公平公正。教育部和省级教育行政部门对参评学校、评估专家和评估组织工作的规范性、公正性进行监督，受理举报和申诉，提出处理意见。

**第三十五条　申请撤销学位授予点**

学位授予单位可以根据本单位学科、专业需要，向原审批单位申请撤销相应学位授予点。

● 部门规章及文件

## 《博士、硕士学位授权学科和专业学位授权类别动态调整办法》
（2020年12月1日）

总　则

**第1条** 根据国务院学位委员会《关于开展博士、硕士学位授权学科和专业学位授权类别动态调整试点工作的意见》，制定本办法。

**第2条** 本办法所规定的动态调整，系指各学位授予单位根据经济社会发展需求和本单位学科发展规划与实际，撤销国务院学位委员会批准的学位授权点，并可增列现行学科目录中的一级学科或专业学位类别的其他学位授权点；各省（自治区、直辖市）学位委员会、新疆生产建设兵团学位委员会、军队学位委员会（下称"省级学位委员会"）在数量限额内组织本地区（系统）学位授予单位，统筹增列现行学科目录中的一级学科或专业学位类别的学位授权点。

**第3条** 本办法所称学位授权点，包括：

1. 博士学位授权学科（仅包含博士学位授予权，不包含同一学科的硕士学位授予权）；
2. 硕士学位授权学科；
3. 博士专业学位授权类别；
4. 硕士专业学位授权类别。

**第4条** 撤销博士学位授权学科、硕士学位授权学科，可按以下情况增列其他学位授权点：

1. 撤销博士学位授权一级学科，可增列下述之一：

（1）其他博士学位授权一级学科，但所增列学科应已为硕士学位授权一级学科或为拟同时增列的硕士学位授权一级学科；

（2）其他硕士学位授权一级学科；

（3）博士专业学位授权类别；

（4）硕士专业学位授权类别。

2. 撤销硕士学位授权一级学科，可增列下述之一：

（1）其他硕士学位授权一级学科；

（2）硕士专业学位授权类别。

3. 撤销未获得一级学科授权的授权二级学科，按以下情况处理：

（1）撤销该一级学科下的全部博士学位授权二级学科，视同撤销一个博士学位授权一级学科，可按本条第1项的规定增列其他学位授权点。

（2）撤销该一级学科下的全部硕士学位授权二级学科，视同撤销一个硕士学位授权一级学科，可按本条第2项的规定增列其他学位授权点。

按本条规定撤销后仍在本单位增列博士学位授权学科或硕士学位授权学科的，应为与撤销授权点所属学科不同的其他一级学科。

第5条　撤销博士专业学位授权类别、硕士专业学位授权类别，可按以下情况增列其他专业学位授权类别：

1. 撤销博士专业学位授权类别，可增列下述之一：

（1）其他博士专业学位授权类别；

（2）其他硕士专业学位授权类别。

2. 撤销硕士专业学位授权类别，可增列其他硕士专业学位授权类别。

第6条　对于属同一学科的博士学位授权学科和硕士学位授权学科，不得单独撤销硕士学位授权学科保留博士学位授权学科。对于属同一类别的博士专业学位授权类别和硕士专业学位授权类别，不得单独撤销硕士专业学位授权类别保留博士专业学位授权类别。

第7条　各省级学位委员会对博士学位授权点的调整，只能在博士学位授予单位内和博士学位授予单位之间进行；对硕士学位授权点的调整，可在博士和硕士学位授予单位内，以及博士和硕士学位授予单位之间进行。

学位授予单位自主调整

第8条　学位授予单位自主调整学位授权点，指学位授予单位在本单位范围内主动撤销并可自主增列学位授权点。调整中拟增列学位授权点的数量不得超过主动撤销学位授权点的数量，主动撤销学位授权点后不同时增列学位授权点的，可在今后自主调整中增列。

学位授予单位可主动撤销的学位授权点包括：

1. 在专项合格评估（含限期整改后复评）中被评为合格的学位授权点；

2. 在周期性合格评估（含限期整改后复评）中被评为合格的学位授权点；

3. 在周期性合格评估中自评不合格进行限期整改后尚未参加复评的学位授权点。

第9条　学位授予单位应切实保证质量，制定本单位学位授权点动态调整实施细则，报省级学位委员会备案。拟增列的学位授权点，须符合国务院学位委员会正在执行的学位授权点申请基本条件。

学位授予单位须聘请同行专家根据学位授权点申请基本条件、省级学位委员会和学位授予单位规定的其他要求对拟增列的学位授权点进行评议。拟撤销和增列的学位授权点，须经本单位学位评定委员会审议通过，并在本单位内进行不少于10个工作日的公示。

第10条　学位授予单位将主动撤销和增列的学位授权点以及开展调整工作的有关情况报省级学位委员会。省级学位委员会对学位授予单位调整工作是否符合规定的程序办法进行审查。

## 省级学位委员会统筹调整

**第 11 条** 省级学位委员会统筹调整学位授权点，包括：

1. 制定学科发展规划，指导本地区（系统）学位授权点动态调整。制定支持政策，引导学位授予单位根据区域（行业）经济社会发展需要撤销和增列学位授权点。对学位授予单位拟增列与经济社会发展需求不相适应或学生就业困难的学位授权点，省级学位委员会可不同意其增列。

2. 省级学位委员会可在本地区（系统）范围内统筹组织增列学位授权点，增列学位授权点的数额来源如下：

（1）由学位授予单位主动撤销并主动纳入省级统筹的学位授权点；

（2）在周期性合格评估中处理意见为限期整改，经复评未达到合格，被作出撤销处理的学位授权点；

（3）在周期性合格评估中抽评结果为不合格，被作出撤销处理的学位授权点；

（4）在周期性合格评估中未确认参评被作出撤销处理的学位授权点，以及在周期性合格评估中确认参评但未开展自我评估，被作出撤销处理的学位授权点。

**第 12 条** 省级学位委员会组织开展增列学位授权点工作，按以下程序和要求进行：

1. 学位授予单位申请增列学位授权点，须经本单位学位评定委员会审议通过。

2. 省级学位委员会聘请同行专家，根据国务院学位委员会正在执行的学位授权点申请基本条件和省级学位委员会规定的其他要求，对学位授予单位申请增列的学位授权点进行评审。除军队系统外，参加评审的同行专家中，来自本地区（系统）以外的专家原则上不少于二分之一。

3. 省级学位委员会对专家评审通过的申请增列学位授权点进

行审议，并对审议通过的拟增列学位授权点进行不少于 10 个工作日的公示。

第 13 条 省级学位委员会于每一年度规定时间，将本地区（系统）范围内学位授予单位拟主动撤销和自主增列的学位授权点以及省级学位委员会审议通过的拟增列学位授权点报国务院学位委员会批准。

其 他

第 14 条 按本办法主动撤销的学位授权点，5 年内不得再次按本办法增列为学位授权点，其在学研究生可按原渠道培养并按有关要求完成学位授予。

第 15 条 军事学门类授权学科及军事类专业学位授权类别需经军队学位委员会同意后，方可申请增列。

第 16 条 学位授权自主审核单位不参加学位授权点动态调整工作，其学位授权点调整全部纳入自主审核工作，不再纳入学位授权点动态调整省级统筹。

第 17 条 博士学位授权一级学科、硕士学位授权一级学科如经动态调整撤销，根据相关规定在其下自主设置的二级学科也相应撤销。

第 18 条 在专项合格评估（含限期整改后复评）中被评为不合格并撤销的学位授权点，不再作为增列学位授权点的数额来源。

在周期性合格评估抽评阶段，学位授予单位不得申请撤销本次周期性合格评估范围内的学位授权点。根据抽评结果做限期整改处理，在整改期间不参加学位授权点动态调整工作。

第 19 条 根据学科专业调整等工作需要或因学风问题撤销的学位授权点，不再作为增列学位授权点的数额来源。

第 20 条 本办法自 2021 年 1 月 1 日起施行。施行后原有关规定与本办法不一致的，按照本办法的规定执行。国务院学位委员会 2015 年印发的《博士、硕士学位授权学科和专业学位授权类别动态调整办法》（学位〔2015〕40号）同时废止。

本办法由国务院学位委员会办公室负责解释。

#### 第三十六条　学位信息管理系统

国务院教育行政部门应当加强信息化建设，完善学位信息管理系统，依法向社会提供信息服务。

● 部门规章及文件

1.《**学位证书和学位授予信息管理办法**》（2015年6月26日）

第8条　学位授予信息主要包括：学位获得者个人基本信息、学业信息、研究生学位论文信息等。信息报送内容由国务院学位委员会办公室制定。

第9条　学位授予单位根据国务院学位委员会办公室制定的学位授予信息数据结构和有关要求，结合本单位实际情况，确定信息收集范围，采集学位授予信息并报送省级学位主管部门。

第10条　省级学位主管部门汇总、审核、统计、发布本地区学位授予单位的学位授予信息并报送国务院学位委员会办公室。

第11条　国务院学位委员会办公室汇总各省（自治区、直辖市）和军队系统的学位授予信息，开展学位授予信息的统计、发布。

第12条　学位授予单位在做出撤销学位的决定后，应及时将有关信息报送省级学位主管部门和国务院学位委员会办公室。

第13条　确需更改的学位授予信息，由学位授予单位提出申请，经省级学位主管部门审核确认后，由省级学位主管部门报送国务院学位委员会办公室进行更改。

第14条　学位授予单位负责：

（一）设计、制作和颁发学位证书；

（二）收集、整理、核实和报送本单位学位授予信息，确保信息质量；

（三）将学位证书的样式及其变化情况、学位评定委员会通过的学位授予决定及名单及时报送省级学位主管部门备查。

第15条 省级学位主管部门负责：

（一）本地区学位证书和学位授予信息的监督管理，查处违规行为；

（二）组织实施本地区学位授予信息的汇总、审核和报送。

（三）对本地区学位授予信息的更改进行审核确认。

第16条 国务院学位委员会办公室负责：

（一）学位证书和学位授予信息的规范管理，制定有关的管理办法和工作要求，指导查处违规行为；

（二）组织开展学位授予信息报送工作；

（三）学位授予信息系统的运行管理；

（四）学位证书信息网上查询的监管。

2. 《关于加强学位与研究生教育信息管理工作的通知》（2007年10月23日）

各省（自治区、直辖市）学位委员会办公室、中国人民解放军学位委员会办公室、各学位授予单位：

为了适应学位与研究生教育发展的新形势和新要求，及时了解学位与研究生教育发展动态，科学制订政策与决策，加强质量监督，提高管理水平，我办决定规范并加强学位与研究生教育信息管理工作，改善信息采集质量，提高信息管理水平。现将有关事项通知如下：

一、建立三级管理、分级负责的信息管理体系。为了及时、有效地收集、分析和利用信息，决定建立由国务院学位委员会办公室、省级和军队学位委员办公室以及学位授予单位组成的分级管理、各负其责的学位与研究生教育信息管理体系。

1. 国务院学位委员会办公室是全国学位与研究生教育信息管理工作的主管部门，负责制定全国学位与研究生教育信息管理工作的方针、政策和办法，制定和发布信息标准，部署全国学位与研究生教育信息年报工作。具体事务委托教育部学位与研究生教育发展中心承担。教育部学位与研究生教育发展中心负责建立全国学位与研究生教育管理信息系统，建设和管理"全国学位与研究生教育数据中心"，汇总和管理各省级和军队学位委员会办公室报送的各类信息，开发相应的信息管理软件，提供技术支持等具体工作。

2. 省级和军队学位委员会办公室是全国学位与研究生教育信息管理体系中的重要环节，负责统筹管理本地区（或部门）学位与研究生教育信息工作；监督、审查、汇总和报送本地区（或部门）内各学位授予单位学位与研究生教育信息，以及其它相关信息的收集工作；对所辖区域内各学位授予单位相关部门进行业务培训和技术指导。

3. 各学位授予单位是全国学位与研究生教育信息管理体系中的基础部门，接受所在省级或军队学位委员会办公室的管理，负责本单位学位与研究生教育相关信息的收集、管理和年报工作，对本单位学位与研究生教育信息年报工作的质量负责。

二、充分认识信息管理工作重要意义，切实做好各项工作。信息管理工作是学位与研究生教育工作的重要组成部分，是及时了解学位与研究生教育发展动态的有效手段，是学位与研究生教育政策制订、质量监督的重要基础，对提高管理水平、科学决策具有重要作用。各有关单位要对信息管理工作给予高度重视，建立健全各项规章制度，并在人、财、物等方面提供相应的支持，切实采取有效措施，确保数据采集、报送和汇总等工作及时、准确、可靠。

三、严格遵守国家法律法规。各有关单位应严格按照国家有关规定，确保信息安全可靠。涉密信息必须按照国家有关保密规定进行处理。要注意对信息权益的保护，不得随意将采集到的信息对外发布或用于商业开发等用途。

四、自即日起，原承担学位授予信息年报工作的22个信息处理工作站不再承担此项工作，各工作站应尽快将此项工作移交给有关地区省级和军队学位委员会办公室，并做好学位授予信息年报的交接工作，保证交接期间信息采集完整准确。

### 第三十七条　学术不端处理

学位申请人、学位获得者在攻读该学位过程中有下列情形之一的，经学位评定委员会决议，学位授予单位不授予学位或者撤销学位：

（一）学位论文或者实践成果被认定为存在代写、剽窃、伪造等学术不端行为；

（二）盗用、冒用他人身份，顶替他人取得的入学资格，或者以其他非法手段取得入学资格、毕业证书；

（三）攻读期间存在依法不应当授予学位的其他严重违法行为。

● 法　律

1.《高等教育法》（2018年12月29日）

第42条　高等学校设立学术委员会，履行下列职责：

（一）审议学科建设、专业设置，教学、科学研究计划方案；

（二）评定教学、科学研究成果；

（三）调查、处理学术纠纷；

（四）调查、认定学术不端行为；

（五）按照章程审议、决定有关学术发展、学术评价、学术规范的其他事项。

● 部门规章及文件

2.《学位论文作假行为处理办法》(2012年11月13日)

第1条 为规范学位论文管理,推进建立良好学风,提高人才培养质量,严肃处理学位论文作假行为,根据《中华人民共和国学位条例》、《中华人民共和国高等教育法》,制定本办法。

第2条 向学位授予单位申请博士、硕士、学士学位所提交的博士学位论文、硕士学位论文和本科学生毕业论文(毕业设计或其他毕业实践环节)(统称为学位论文),出现本办法所列作假情形的,依照本办法的规定处理。

第3条 本办法所称学位论文作假行为包括下列情形:

(一)购买、出售学位论文或者组织学位论文买卖的;

(二)由他人代写、为他人代写学位论文或者组织学位论文代写的;

(三)剽窃他人作品和学术成果的;

(四)伪造数据的;

(五)有其他严重学位论文作假行为的。

第4条 学位申请人员应当恪守学术道德和学术规范,在指导教师指导下独立完成学位论文。

第5条 指导教师应当对学位申请人员进行学术道德、学术规范教育,对其学位论文研究和撰写过程予以指导,对学位论文是否由其独立完成进行审查。

第6条 学位授予单位应当加强学术诚信建设,健全学位论文审查制度,明确责任、规范程序,审核学位论文的真实性、原创性。

第7条 学位申请人员的学位论文出现购买、由他人代写、剽窃或者伪造数据等作假情形的,学位授予单位可以取消其学位申请资格;已经获得学位的,学位授予单位可以依法撤销其学位,并注销学位证书。取消学位申请资格或者撤销学位的处理决定应当向社会公布。从做出处理决定之日起至少3年内,各学位授予单位不得再接受其学位申请。

前款规定的学位申请人员为在读学生的,其所在学校或者学位授予单位可以给予开除学籍处分;为在职人员的,学位授予单位除给予纪律处分外,还应当通报其所在单位。

第8条 为他人代写学位论文、出售学位论文或者组织学位论文买卖、代写的人员,属于在读学生的,其所在学校或者学位授予单位可以给予开除学籍处分;属于学校或者学位授予单位的教师和其他工作人员的,其所在学校或者学位授予单位可以给予开除处分或者解除聘任合同。

第9条 指导教师未履行学术道德和学术规范教育、论文指导和审查把关等职责,其指导的学位论文存在作假情形的,学位授予单位可以给予警告、记过处分;情节严重的,可以降低岗位等级直至给予开除处分或者解除聘任合同。

第10条 学位授予单位应当将学位论文审查情况纳入对学院(系)等学生培养部门的年度考核内容。多次出现学位论文作假或者学位论文作假行为影响恶劣的,学位授予单位应当对该学院(系)等学生培养部门予以通报批评,并可以给予该学院(系)负责人相应的处分。

第11条 学位授予单位制度不健全、管理混乱,多次出现学位论文作假或者学位论文作假行为影响恶劣的,国务院学位委员会或者省、自治区、直辖市人民政府学位委员会可以暂停或者撤销其相应学科、专业授予学位的资格;国务院教育行政部门或者省、自治区、直辖市人民政府教育行政部门可以核减其招生计划;并由有关主管部门按照国家有关规定对负有直接管理责任的学位授予单位负责人进行问责。

第12条 发现学位论文有作假嫌疑的,学位授予单位应当确定学术委员会或者其他负有相应职责的机构,必要时可以委托专家组成的专门机构，对其进行调查认定。

第 13 条　对学位申请人员、指导教师及其他有关人员做出处理决定前，应当告知并听取当事人的陈述和申辩。

当事人对处理决定不服的，可以依法提出申诉、申请行政复议或者提起行政诉讼。

第 14 条　社会中介组织、互联网站和个人，组织或者参与学位论文买卖、代写的，由有关主管机关依法查处。

学位论文作假行为违反有关法律法规规定的，依照有关法律法规的规定追究法律责任。

第 15 条　学位授予单位应当依据本办法，制定、完善本单位的相关管理规定。

第 16 条　本办法自 2013 年 1 月 1 日起施行。

**3.《高等学校预防与处理学术不端行为办法》**（2016 年 6 月 16 日）

## 第一章　总　则

第 1 条　为有效预防和严肃查处高等学校发生的学术不端行为，维护学术诚信，促进学术创新和发展，根据《中华人民共和国高等教育法》《中华人民共和国科学技术进步法》《中华人民共和国学位条例》等法律法规，制定本办法。

第 2 条　本办法所称学术不端行为是指高等学校及其教学科研人员、管理人员和学生，在科学研究及相关活动中发生的违反公认的学术准则、违背学术诚信的行为。

第 3 条　高等学校预防与处理学术不端行为应坚持预防为主、教育与惩戒结合的原则。

第 4 条　教育部、国务院有关部门和省级教育部门负责制定高等学校学风建设的宏观政策，指导和监督高等学校学风建设工作，建立健全对所主管高等学校重大学术不端行为的处理机制，建立高校学术不端行为的通报与相关信息公开制度。

第 5 条　高等学校是学术不端行为预防与处理的主体。高等学校应当建设集教育、预防、监督、惩治于一体的学术诚信体系，建立由主要负责人领导的学风建设工作机制，明确职责分工；依据本办法完善本校学术不端行为预防与处理的规则与程序。

高等学校应当充分发挥学术委员会在学风建设方面的作用，支持和保障学术委员会依法履行职责，调查、认定学术不端行为。

## 第二章　教育与预防

第 6 条　高等学校应当完善学术治理体系，建立科学公正的学术评价和学术发展制度，营造鼓励创新、宽容失败、不骄不躁、风清气正的学术环境。

高等学校教学科研人员、管理人员、学生在科研活动中应当遵循实事求是的科学精神和严谨认真的治学态度，恪守学术诚信，遵循学术准则，尊重和保护他人知识产权等合法权益。

第 7 条　高等学校应当将学术规范和学术诚信教育，作为教师培训和学生教育的必要内容，以多种形式开展教育、培训。

教师对其指导的学生应当进行学术规范、学术诚信教育和指导，对学生公开发表论文、研究和撰写学位论文是否符合学术规范、学术诚信要求，进行必要的检查与审核。

第 8 条　高等学校应当利用信息技术等手段，建立对学术成果、学位论文所涉及内容的知识产权查询制度，健全学术规范监督机制。

第 9 条　高等学校应当建立健全科研管理制度，在合理期限内保存研究的原始数据和资料，保证科研档案和数据的真实性、完整性。

高等学校应当完善科研项目评审、学术成果鉴定程序，结合学科特点，对非涉密的科研项目申报材料、学术成果的基本信息以适当方式进行公开。

第10条 高等学校应当遵循学术研究规律，建立科学的学术水平考核评价标准、办法，引导教学科研人员和学生潜心研究，形成具有创新性、独创性的研究成果。

第11条 高等学校应当建立教学科研人员学术诚信记录，在年度考核、职称评定、岗位聘用、课题立项、人才计划、评优奖励中强化学术诚信考核。

### 第三章 受理与调查

第12条 高等学校应当明确具体部门，负责受理社会组织、个人对本校教学科研人员、管理人员及学生学术不端行为的举报；有条件的，可以设立专门岗位或者指定专人，负责学术诚信和不端行为举报相关事宜的咨询、受理、调查等工作。

第13条 对学术不端行为的举报，一般应当以书面方式实名提出，并符合下列条件：

（一）有明确的举报对象；

（二）有实施学术不端行为的事实；

（三）有客观的证据材料或者查证线索。

以匿名方式举报，但事实清楚、证据充分或者线索明确的，高等学校应当视情况予以受理。

第14条 高等学校对媒体公开报道、其他学术机构或者社会组织主动披露的涉及本校人员的学术不端行为，应当依据职权，主动进行调查处理。

第15条 高等学校受理机构认为举报材料符合条件的，应当及时作出受理决定，并通知举报人。不予受理的，应当书面说明理由。

第16条 学术不端行为举报受理后，应当交由学校学术委员会按照相关程序组织开展调查。

学术委员会可委托有关专家就举报内容的合理性、调查的可能性等进行初步审查,并作出是否进入正式调查的决定。

决定不进入正式调查的,应当告知举报人。举报人如有新的证据,可以提出异议。异议成立的,应当进入正式调查。

第17条　高等学校学术委员会决定进入正式调查的,应当通知被举报人。

被调查行为涉及资助项目的,可以同时通知项目资助方。

第18条　高等学校学术委员会应当组成调查组,负责对被举报行为进行调查;但对事实清楚、证据确凿、情节简单的被举报行为,也可以采用简易调查程序,具体办法由学术委员会确定。

调查组应当不少于3人,必要时应当包括学校纪检、监察机构指派的工作人员,可以邀请同行专家参与调查或者以咨询等方式提供学术判断。

被调查行为涉及资助项目的,可以邀请项目资助方委派相关专业人员参与调查组。

第19条　调查组的组成人员与举报人或者被举报人有合作研究、亲属或者导师学生等直接利害关系的,应当回避。

第20条　调查可通过查询资料、现场查看、实验检验、询问证人、询问举报人和被举报人等方式进行。调查组认为有必要的,可以委托无利害关系的专家或者第三方专业机构就有关事项进行独立调查或者验证。

第21条　调查组在调查过程中,应当认真听取被举报人的陈述、申辩,对有关事实、理由和证据进行核实;认为必要的,可以采取听证方式。

第22条　有关单位和个人应当为调查组开展工作提供必要的便利和协助。

举报人、被举报人、证人及其他有关人员应当如实回答询问,配合调查,提供相关证据材料,不得隐瞒或者提供虚假信息。

第 23 条 调查过程中，出现知识产权等争议引发的法律纠纷的，且该争议可能影响行为定性的，应当中止调查，待争议解决后重启调查。

第 24 条 调查组应当在查清事实的基础上形成调查报告。调查报告应当包括学术不端行为责任人的确认、调查过程、事实认定及理由、调查结论等。

学术不端行为由多人集体做出的，调查报告中应当区别各责任人在行为中所发挥的作用。

第 25 条 接触举报材料和参与调查处理的人员，不得向无关人员透露举报人、被举报人个人信息及调查情况。

## 第四章 认　　定

第 26 条 高等学校学术委员会应当对调查组提交的调查报告进行审查；必要的，应当听取调查组的汇报。

学术委员会可以召开全体会议或者授权专门委员会对被调查行为是否构成学术不端行为以及行为的性质、情节等作出认定结论，并依职权作出处理或建议学校作出相应处理。

第 27 条 经调查，确认被举报人在科学研究及相关活动中有下列行为之一的，应当认定为构成学术不端行为：

（一）剽窃、抄袭、侵占他人学术成果；

（二）篡改他人研究成果；

（三）伪造科研数据、资料、文献、注释，或者捏造事实、编造虚假研究成果；

（四）未参加研究或创作而在研究成果、学术论文上署名，未经他人许可而不当使用他人署名，虚构合作者共同署名，或者多人共同完成研究而在成果中未注明他人工作、贡献；

（五）在申报课题、成果、奖励和职务评审评定、申请学位等过程中提供虚假学术信息；

（六）买卖论文、由他人代写或者为他人代写论文；

（七）其他根据高等学校或者有关学术组织、相关科研管理机构制定的规则，属于学术不端的行为。

第28条 有学术不端行为且有下列情形之一的，应当认定为情节严重：

（一）造成恶劣影响的；

（二）存在利益输送或者利益交换的；

（三）对举报人进行打击报复的；

（四）有组织实施学术不端行为的；

（五）多次实施学术不端行为的；

（六）其他造成严重后果或者恶劣影响的。

## 第五章 处 理

第29条 高等学校应当根据学术委员会的认定结论和处理建议，结合行为性质和情节轻重，依职权和规定程序对学术不端行为责任人作出如下处理：

（一）通报批评；

（二）终止或者撤销相关的科研项目，并在一定期限内取消申请资格；

（三）撤销学术奖励或者荣誉称号；

（四）辞退或解聘；

（五）法律、法规及规章规定的其他处理措施。

同时，可以依照有关规定，给予警告、记过、降低岗位等级或者撤职、开除等处分。

学术不端行为责任人获得有关部门、机构设立的科研项目、学术奖励或者荣誉称号等利益的，学校应当同时向有关主管部门提出处理建议。

学生有学术不端行为的，还应当按照学生管理的相关规定，给予相应的学籍处分。

学术不端行为与获得学位有直接关联的，由学位授予单位作暂缓授予学位、不授予学位或者依法撤销学位等处理。

第 30 条　高等学校对学术不端行为作出处理决定，应当制作处理决定书，载明以下内容：

（一）责任人的基本情况；

（二）经查证的学术不端行为事实；

（三）处理意见和依据；

（四）救济途径和期限；

（五）其他必要内容。

第 31 条　经调查认定，不构成学术不端行为的，根据被举报人申请，高等学校应当通过一定方式为其消除影响、恢复名誉等。

调查处理过程中，发现举报人存在捏造事实、诬告陷害等行为的，应当认定为举报不实或者虚假举报，举报人应当承担相应责任。属于本单位人员的，高等学校应当按照有关规定给予处理；不属于本单位人员的，应通报其所在单位，并提出处理建议。

第 32 条　参与举报受理、调查和处理的人员违反保密等规定，造成不良影响的，按照有关规定给予处分或其他处理。

## 第六章　复　　核

第 33 条　举报人或者学术不端行为责任人对处理决定不服的，可以在收到处理决定之日起 30 日内，以书面形式向高等学校提出异议或者复核申请。

异议和复核不影响处理决定的执行。

第 34 条　高等学校收到异议或者复核申请后，应当交由学术委员会组织讨论，并于 15 日内作出是否受理的决定。

决定受理的，学校或者学术委员会可以另行组织调查组或者委托第三方机构进行调查；决定不予受理的，应当书面通知当事人。

第35条 当事人对复核决定不服，仍以同一事实和理由提出异议或者申请复核的，不予受理；向有关主管部门提出申诉的，按照相关规定执行。

## 第七章 监　　督

第36条 高等学校应当按年度发布学风建设工作报告，并向社会公开，接受社会监督。

第37条 高等学校处理学术不端行为推诿塞责、隐瞒包庇、查处不力的，主管部门可以直接组织或者委托相关机构查处。

第38条 高等学校对本校发生的学术不端行为，未能及时查处并做出公正结论，造成恶劣影响的，主管部门应当追究相关领导的责任，并进行通报。

高等学校为获得相关利益，有组织实施学术不端行为的，主管部门调查确认后，应当撤销高等学校由此获得的相关权利、项目以及其他利益，并追究学校主要负责人、直接负责人的责任。

## 第八章 附　　则

第39条 高等学校应当根据本办法，结合学校实际和学科特点，制定本校学术不端行为查处规则及处理办法，明确各类学术不端行为的惩处标准。有关规则应当经学校学术委员会和教职工代表大会讨论通过。

第40条 高等学校主管部门对直接受理的学术不端案件，可自行组织调查组或者指定、委托高等学校、有关机构组织调查、认定。对学术不端行为责任人的处理，根据本办法及国家有关规定执行。

教育系统所属科研机构及其他单位有关人员学术不端行为的调查与处理，可参照本办法执行。

第41条 本办法自2016年9月1日起施行。

教育部此前发布的有关规章、文件中的相关规定与本办法不一致的，以本办法为准。

**4.《教育部办公厅关于严厉查处高等学校学位论文买卖、代写行为的通知》**(2018年7月4日)

一、切实提高认识。学位论文是实现人才培养目标的重要环节，是进行科学研究训练的重要途径，是学生毕业与学位资格认证的重要依据，各省级教育行政部门和学位授予单位要高度重视，充分认识严厉查处学位论文买卖、代写行为的重要性和紧迫性，进一步增强责任意识，健全制度机制，强化学风建设，严格论文审查，严厉查处学位论文买卖、代写等作假行为。

二、完善工作机制。各省级教育行政部门要加强与当地网信、市场监管、公安等有关部门在信息沟通、专项整治等方面的协调配合，对发现的涉及学位论文买卖、代写等违法违规信息和行为，要及时向上述部门通报，会同相关部门采取针对性措施予以整治，形成常态化的查处工作机制。学位授予单位要认真落实《学位论文作假行为处理办法》《高等学校预防与处理学术不端行为办法》要求，加强学风建设，强化学术诚信教育，明确工作职责，健全考评体系，完善查处办法，规范查处程序，加大惩戒力度。

三、严格责任落实。各省级教育行政部门是查处学位论文买卖、代写行为的监管主体，要切实加强统筹指导，完善政策制度，细化工作举措，健全监督机制，规范处理流程，强化部门协调，及时开展专项整治。学位授予单位是查处学位论文买卖、代写行为的责任主体，要明确单位有关部门、学位委员会、学术委员会和指导教师职责，加强学位论文全过程管理，及时摸排并报告论文买卖、代写信息和行为。指导教师是查处学位论文买卖、代写行为的第一责任人，要加强对学生学术道德、学术规范的教育，加强对学位论文研究及撰写过程的指导，并对学位论文是否由其独立完成进行审查，确保原创性。

四、加强教育宣传。学位授予单位要切实加强学风建设，激发学生内在学习动力，培养专业学习兴趣，强化学术规范训练，提升学生科研能力和学术素养。切实加强学术道德和诚信教育，引导学生养成实事求是的科学精神和严谨认真的治学态度。指导教师要自觉加强师德师风建设，强化学科知识传授、科研方法指导和学术规范教导，教育和引领学生恪守学术诚信，遵守学术准则。要广泛宣传学位论文买卖、代写行为危害和典型案例，曝光查处的违法违规行为，引导教师、学生自觉抵制学位论文作假行为。

五、强化监督检查。各省级教育行政部门和学位授予单位要设置学位论文买卖、代写行为处理举报电话，主动接受社会监督举报。要按照相关政策要求，认真做好学位论文抽检工作。学位授予单位要利用信息技术手段，加强对学位论文原创性审查。教育部将依据学位论文作假行为处理备案信息平台和有关动态监测数据，对学位授予单位进行专项督导。

六、严肃责任追究。教育行政部门要严格落实学位论文作假处理有关规定，对不履行主体责任，出现学位论文买卖、代写行为的学位授予单位，要视情节轻重分别核减招生计划，国家学位主管部门可暂停或撤销相应学科、专业授予学位的资格，有关主管部门按照国家有关规定对负有直接责任的单位负责人进行问责。对履职不力、所指导学生的学位论文存在买卖、代写情形的指导教师，要追究其失职责任。对参与购买、代写学位论文的学生，给予开除学籍处分。已获得学历证书、学位证书的，依法予以撤销。被撤销的学历证书、学位证书已注册的，应当予以注销并报教育行政部门宣布无效。

● **案例指引**

**某大学教师姜某某学术不端问题**①

**案件要旨**：姜某某在发表的文章中抄袭他人成果，违反了《新时代高校教师职业行为十项准则》第七项规定。根据《中国共产党纪律处分条例》《教育部关于高校教师师德失范行为处理的指导意见》，给予姜某某党内严重警告、行政记过处分，停止两年内招收硕士研究生资格，取消两年内聘任高一级专业技术职务的资格。

**第三十八条　证书无效**

违反本法规定授予学位、颁发学位证书的，由教育行政部门宣布证书无效，并依照《中华人民共和国教育法》的有关规定处理。

● **法　律**

《教育法》（2021年4月29日）

第82条　学校或者其他教育机构违反本法规定，颁发学位证书、学历证书或者其他学业证书的，由教育行政部门或者其他有关行政部门宣布证书无效，责令收回或者予以没收；有违法所得的，没收违法所得；情节严重的，责令停止相关招生资格一年以上三年以下，直至撤销招生资格、颁发证书资格；对直接负责的主管人员和其他直接责任人员，依法给予处分。

前款规定以外的任何组织或者个人制造、销售、颁发假冒学位证书、学历证书或者其他学业证书，构成违反治安管理行为的，由公安机关依法给予治安管理处罚；构成犯罪的，依法追究刑事责任。

---

① 参见《教育部曝光6起违反教师职业行为十项准则典型案例》，载教育部网站，http://www.moe.gov.cn/jyb_xwfb/gzdt_gzdt/s5987/201907/t20190731_393178.html，最后访问时间：2024年4月26日。

以作弊、剽窃、抄袭等欺诈行为或者其他不正当手段获得学位证书、学历证书或者其他学业证书的，由颁发机构撤销相关证书。购买、使用假冒学位证书、学历证书或者其他学业证书，构成违反治安管理行为的，由公安机关依法给予治安管理处罚。

**第三十九条　知情权、陈述权与申辩权**

学位授予单位拟作出不授予学位或者撤销学位决定的，应当告知学位申请人或者学位获得者拟作出决定的内容及事实、理由、依据，听取其陈述和申辩。

**第四十条　学术复核**

学位申请人对专家评阅、答辩、成果认定等过程中相关学术组织或者人员作出的学术评价结论有异议的，可以向学位授予单位申请学术复核。学位授予单位应当自受理学术复核申请之日起三十日内重新组织专家进行复核并作出复核决定，复核决定为最终决定。学术复核的办法由学位授予单位制定。

**第四十一条　争议解决**

学位申请人或者学位获得者对不受理其学位申请、不授予其学位或者撤销其学位等行为不服的，可以向学位授予单位申请复核，或者请求有关机关依照法律规定处理。

学位申请人或者学位获得者申请复核的，学位授予单位应当自受理复核申请之日起三十日内进行复核并作出复核决定。

● 部门规章及文件

《普通高等学校学生管理规定》（2017 年 2 月 4 日）

第 59 条　学校应当成立学生申诉处理委员会，负责受理学生对处理或者处分决定不服提起的申诉。

学生申诉处理委员会应当由学校相关负责人、职能部门负责人、教师代表、学生代表、负责法律事务的相关机构负责人等组成；有条件的学校可以聘请校外法律、教育等方面专家参加。

学校应当制定学生申诉的具体办法，健全学生申诉处理委员会的组成与工作规则，提供必要条件，保证其能够客观、公正地履行职责。

第60条 学生对学校的处理或者处分决定有异议的，可以在接到学校处理或者处分决定书之日起10日内，向学校学生申诉处理委员会提出书面申诉。

第61条 学生申诉处理委员会对学生提出的申诉进行复查，并在接到书面申诉之日起15日内作出复查结论并告知申诉人。情况复杂不能在规定限期内作出结论的，经学校负责人批准，可延长15日。学生申诉处理委员会认为必要的，可以建议学校暂缓执行有关决定。

学生申诉处理委员会经复查，认为做出处理或者处分的事实、依据、程序等存在不当，可以作出建议撤销或变更的复查意见，要求相关职能部门予以研究，重新提交校长办公会或者专门会议作出决定。

第62条 学生对复查决定有异议的，在接到学校复查决定书之日起15日内，可以向学校所在地省级教育行政部门提出书面申诉。

省级教育行政部门应当在接到学生书面申诉之日起30个工作日内，对申诉人的问题给予处理并作出决定。

第63条 省级教育行政部门在处理因对学校处理或者处分决定不服提起的学生申诉时，应当听取学生和学校的意见，并可根据需要进行必要的调查。根据审查结论，区别不同情况，分别作出下列处理：

（一）事实清楚、依据明确、定性准确、程序正当、处分适当的，予以维持；

（二）认定事实不存在，或者学校超越职权、违反上位法规定作出决定的，责令学校予以撤销；

（三）认定事实清楚，但认定情节有误、定性不准确，或者适用依据有错误的，责令学校变更或者重新作出决定；

（四）认定事实不清、证据不足，或者违反本规定以及学校规定的程序和权限的，责令学校重新作出决定。

第64条　自处理、处分或者复查决定书送达之日起，学生在申诉期内未提出申诉的视为放弃申诉，学校或者省级教育行政部门不再受理其提出的申诉。

处理、处分或者复查决定书未告知学生申诉期限的，申诉期限自学生知道或者应当知道处理或者处分决定之日起计算，但最长不得超过6个月。

第65条　学生认为学校及其工作人员违反本规定，侵害其合法权益的；或者学校制定的规章制度与法律法规和本规定抵触的，可以向学校所在地省级教育行政部门投诉。

教育主管部门在实施监督、处理申诉或者投诉过程中，发现学校及其工作人员有违反法律、法规及本规定的行为或者未按照本规定履行相应义务的，或者学校自行制定的相关管理制度、规定，侵害学生合法权益的，应当责令改正；发现存在违法违纪的，应当及时进行调查处理或者移送有关部门，依据有关法律和相关规定，追究有关责任人的责任。

● 案例指引

**甘某不服某大学开除学籍决定案**（《最高人民法院公报》2012年第7期）

裁判要旨：学生对高等院校作出的开除学籍等严重影响其受教育权利的决定可以依法提起诉讼。人民法院审理此类案件时，应当以相关法律、法规为依据，参照相关规章，并可参考涉案高等院校正式公布的不违反上位法规定精神的校纪校规。

# 第七章 附 则

### 第四十二条 军队学位工作

军队设立学位委员会。军队学位委员会依据本法负责管理军队院校和科学研究机构的学位工作。

● 部门规章及文件

1. 《学位证书和学位授予信息管理办法》（2015年6月26日）

第19条 中国人民解放军系统的学位证书和学位授予信息管理，由军队学位委员会参照本办法制定具体规定。

2. 《学士学位授权与授予管理办法》（2019年7月9日）

第5条 普通高等学校的学士学位授权按属地原则由省（区、市）学位委员会负责审批。军队院校的学士学位授权由军队学位委员会负责审批。

第6条 省（区、市）学位委员会、军队学位委员会（以下简称为"省级学位委员会"）应制定学士学位授权审核标准。审核标准应明确办学方向、师资队伍、基本条件、课程设置、教学方式、管理制度等要求，不低于本科院校设置标准和本科专业设置标准。

### 第四十三条 名誉博士

对在学术或者专门领域、在推进科学教育和文化交流合作方面做出突出贡献，或者对世界和平与人类发展有重大贡献的个人，可以授予名誉博士学位。

取得博士学位授予资格的学位授予单位，经学位评定委员会审议通过，报国务院学位委员会批准后，可以向符合前款规定条件的个人授予名誉博士学位。

名誉博士学位授予、撤销的具体办法由国务院学位委员会制定。

● 部门规章及文件

《关于授予境外人士名誉博士学位暂行规定》（2010年3月29日）

第一章 总 则

第1条 为完善我国名誉博士学位制度，维护我国名誉博士学位的严肃性与权威性，根据《中华人民共和国学位条例》及《中华人民共和国学位条例暂行实施办法》，制定本暂行规定。

第2条 学位授予单位授予外国和我国香港、澳门、台湾地区的卓越学者、科学家或者著名政治家或者社会活动家和其他知名人士名誉博士学位，适用本规定。

第二章 授予对象与条件

第3条 同时具备下列条件的学者和科学家，可以授予名誉博士学位：

（一）学术上造诣高深，在某一学科领域取得重大成就，具有国际学术界公认的学术地位和声望；

（二）在促进我国参与国际学术交流与合作方面做出了重要贡献。

第4条 同时具备下列条件的政治家，可以授予名誉博士学位：

（一）在维护世界和平与促进人类进步事业方面做出重要贡献；

（二）在增进我国对外友好合作、扩大我国国际影响方面做出了长期、突出的贡献。

第 5 条 同时具备下列条件的社会活动家和知名人士，可以授予名誉博士学位：

（一）在促进国际友好往来和全面合作方面，声誉卓著；

（二）在繁荣和发展我国经济、教育、科学、文化、卫生和体育等事业方面做出了重大贡献。

## 第三章 提名与审议

第 6 条 具有博士学位授予权的单位，根据《中华人民共和国学位条例》和本规定提出拟授予名誉博士学位人选，经国务院学位委员会批准后，授予名誉博士学位。

第 7 条 拟授予名誉博士学位的人士（简称拟授人士，下同），除符合本暂行规定第三条或第四条、第五条规定的条件外，还应当符合以下要求：

（一）除政治家外，该人士应当与拟授予名誉博士学位的单位（简称拟授单位，下同）有长期的密切联系，在促进拟授单位学科建设、人才培养以及增进国际交流与合作等方面发挥了重大影响；

（二）拟授单位不得接受该人士的直接捐赠、捐资等；

（三）该人士同意接受拟授单位授予的名誉博士学位；

（四）该人士应当有接受普通高等教育的经历。

第 8 条 未经国务院学位委员会批准，拟授单位不得向拟授人士承诺授予或者自行授予名誉博士学位。应以适当方式明确拟授人士的意愿，告知本规定内容。拟授人士是外国元首或政府首脑的，应当有国家外事部门建议授予名誉博士学位的书面意见。

第 9 条 拟授单位的学位评定委员会负责本单位名誉博士学位的评审工作，对以下材料进行审议：

（一）拟授境外人士名誉博士学位的建议报告；

（二）拟授人士资格审查结果的报告；

（三）《拟授名誉博士学位呈报表》；

（四）拟授人士简历及其公开出版的著作目录或者其重要事迹列表；

（五）了解拟授人士、熟知其活动或研究领域及其贡献的知名教授或者知名人士五人的推荐信，其中应包括境外知名教授或知名人士一人的推荐信以及其他博士学位授予单位的知名教授二人的推荐信；

（六）国家外事部门建议授予外国元首或政府首脑名誉博士学位的书面意见；

（七）其他应当提交的材料。

第10条 学位评定委员会的审议应当通过会议进行，会议应当有学位评定委员会全体组成人员的三分之二以上出席。

学位评定委员会应当对拟授人士是否符合本规定第三条或第四条、第五条和第七条规定的条件进行审议，以无记名投票方式，对是否同意该人士名誉博士学位进行表决。

同意授予名誉博士学位应当获得学位评定委员会全体组成人员过半数同意。

学位评定委员会根据表决结果对该人士做出授予名誉博士学位的决议或者不授予学位的决议，提出拟授人士名单。

## 第四章 批准与学位授予

第11条 拟授单位将拟授人士名单、决议及审议材料各一式三份，报送上级主管部门审核。

第12条 上级主管部门审核后，应当提出是否同意报送国务院学位委员会审批的书面意见。并将书面意见及全部材料一式二份按规定报送国务院学位委员会。

第13条 如两个以上博士学位授予单位提名同一境外人士为拟授人选，应以最先报送申请材料的单位作为拟授单位；同时报送申请材料的，国务院学位委员会办公室应当书面征求拟授人士的意见。

第14条 国务院学位委员会在收到授予有关人士名誉博士学位的申请后,应交由国务院学位委员会办公室审核该人士的主要情况是否清楚、是否符合规定条件,申报材料是否齐全和详实等。申请材料不齐全或者不符合规定形式的,应当及时告知拟授单位补正,拟授单位不按要求补正的,视为撤回申请。

国务院学位委员会办公室根据实际需要,经主任委员或者秘书长批准,可以就拟授人士的有关情况向国务院外事主管部门或者其他政府部门征询书面意见,必要时可以征询专家书面意见。

每季度最后一个月为国务院学位委员会集中受理申请的时间。确因国家重大利益提出的名誉博士学位申请,需有拟授单位的上级主管部门和国家外事部门的书面意见。

第15条 国务院学位委员会审批拟授人士采用以下办法:

(一) 国务院学位委员会在定期召开的例行会议上讨论,获全体委员半数以上同意,作出授予名誉博士学位的决定;

(二) 国务院学位委员会采取通讯征求意见的办法,获全体委员半数以上同意,作出授予名誉博士学位的决定。

第16条 国务院学位委员会在受理拟授名誉博士学位申请后的六十日内做出是否同意授予的决定,并书面告知拟授单位。如有特殊情况需要延期的,报经国务院学位委员会主任委员批准,可以延长三十日。

第17条 获得国务院学位委员会批准后,拟授单位应当从批准之日起两年之内举行授予仪式,授予有关人士名誉博士学位,向其颁发《名誉博士学位证书》。

因特殊情况不能在规定期限内授予名誉博士学位,需要延续有效期限的,拟授单位应当于有效期届满30个工作日前提出申请。经国务院学位委员会主任委员或秘书长审核同意,可以批准延期一年授予;有效期限的延期只能申请一次。

在授予仪式结束后10个工作日内,授予单位应当将名誉博士学位授予情况的书面报告、授予人士照片及相关材料报国务院学位委员会办公室备案。

第18条 有下列情形之一，获准授予名誉博士学位的单位未向有关人士授予名誉博士学位的，国务院学位委员会撤销批准授予境外人士名誉博士学位的决定：

（一）有效期满，或者获准的延续期满未按本规定举行授予仪式的；

（二）名誉博士学位授予单位或者名誉博士学位授予单位的博士学位授予权依法终止的；

（三）拟授人士不同意或拟授人士死亡的；

（四）发生不可抗力事件的。

## 第五章 附 则

第19条 非博士学位授予单位或其他有关部门依据本暂行规定，可以按下列规定推荐拟授人士：

（一）向博士学位授予单位推荐；

（二）出具加盖公章的书面推荐函，向拟授单位提交拟授人士的主要经历、重要的学术成就和社会活动等书面材料；

（三）按照本暂行规定第九条的规定，约请五名专家撰写推荐信；

第20条 已由我国境内（不包含香港、澳门与台湾地区）博士学位授予单位授予名誉博士学位的境外有关人士，境内其他博士学位授予单位不得再申请授予其名誉博士学位。

第21条 名誉博士学位证书的持有人不享有与国家普通博士文凭持有人相同的权利。

第22条 《名誉博士学位证书》由国务院学位委员会统一印制。

第23条 本暂行规定由国务院学位委员会负责解释。

第24条 本暂行规定自2010年7月1日起施行。原国务院学位委员会1989年2月27日发布的《关于授予国外有关人士名誉博士学位暂行规定》同时废止。

### 第四十四条　涉外规定

学位授予单位对申请学位的境外个人，依照本法规定的学业要求、学术水平或者专业水平等条件和相关程序授予相应学位。

学位授予单位在境外授予学位的，适用本法有关规定。

境外教育机构在境内授予学位的，应当遵守中国有关法律法规的规定。

对境外教育机构颁发的学位证书的承认，应当严格按照国家有关规定办理。

● 部门规章及文件

**《国务院学位委员会关于普通高等学校授予来华留学生我国学位试行办法》**（1991年10月24日）

第1条　为了促进我国高等教育的国际交流与合作，保证我国普通高等学校授予来华留学生学士、硕士和博士学位的质量，特制定本试行办法。

第2条　授予来华留学生我国学位的单位及其学科、专业，应是国务院学位委员会批准有权授予学士、硕士和博士学位的普通高等学校及其学科、专业。

第3条　授予来华留学生我国学位，应根据《中华人民共和国学位条例》（简称学位条例，下同）及《中华人民共和国学位条例暂行实施办法》（简称学位条例暂行实施办法，下同）的有关规定，除在政治思想上要求对我友好我，既要遵守我国现行的学位制度的原则精神，又要考虑各国的实际情况，做到实事求是，保证质量。

第4条 来华留学生在学期间必须遵守我国的法律、法规及学校纪律。

学士学位

第5条 普通高等学校培养的来华留学本科生，符合本试行办法的规定，经审核准予毕业，达到学位条例第四条规定的学术水平者，授予学士学位。具体要求如下：

（一）通过本专业规定的基础理论课程、专业主干课程的考试和选修课程的考查。

（二）初步掌握汉语。要求具有使用生活用语和阅读本专业汉语资料的初步能力。《中国概况》应作为来华留学本科生的必修课来安排和要求。

（三）完成有一定工作量的本科毕业论文（毕业设计或其他毕业实践环节，下同）。

第6条 普通高等学校授予来华留学本科毕业生学士学位，应按照以下程序进行：

（一）学位评定分委员会按照本试行办法第四条和第五条的规定，对来华留学本科毕业生进行逐个审核。对审核合格者，向校学位评定委员会提出拟授予学士学位的名单。

（二）经校学位评定委员会审议通过，授予相应学科门类的学士学位。

硕士学位

第7条 普通高等学校培养的来华留学硕士生，符合本试行办法的规定，通过硕士学位的课程考试和论文答辩，成绩合格，达到学位条例第五条规定的学术水平者，授予硕士学位。

第8条 来华留学硕士生申请硕士学位，应在学习期间通过本专业规定的学位课程考试以及其他必修和选修课程的考试或考查。具体要求如下：

（一）基础理论课和专业课，一般为三至四门。这些课程应作为学位课程来安排和要求。

（二）汉语课。对于在我国获得学士学位、再次申请来华攻读硕士学位者，要求具有使用生活用语和阅读本专业汉语资料的能力；对于在他国（含派遣国，下同）获得相当于我国学士学位学术水平的学历证书者，要求具有使用生活用语的初步能力。《中国概况》应作为来华留学硕士生的必修课来安排和要求。

（三）选修课。各学科、专业可以根据来华留学硕士生攻读硕士学位的需要，开设一些选修课。

对于在他国已经修学相应学科、专业硕士学位课程的来华留学生申请攻读我国硕士学位时，普通高等学校及其学科、专业应根据申请人提供在他国修学的课程名称、成绩单以及两名专家（相当于副教授及其以上人员）的推荐信等材料组织同行专家（副教授及其以上人员）组三至五人对其已经修学的硕士学位课程进行审查、审核、考试或考核。凡经专家组认可的课程，可以免修；否则应按本条规定重新修学有关课程。

凡未达到上述要求者，可以在一年时间内补修或重修有关课程；仍未达到上述要求者，不能参加论文答辩。

第9条　来华留学硕士生申请硕士学位，必须撰写论文（含专题报告）。普通高等学校及其学科、专业，可以根据来华留学硕士生不同的培养规格，对论文提出不同的要求。论文可以是学术研究或科学技术报告，也可以是专题调研、工程设计、案例分析等报告，其报告应能反映学位申请者从事科学研究工作或综合运用基础理论和专门知识解决实际问题的能力。

第10条　普通高等学校及其学科、专业，对于来华留学硕士生申请硕士学位，应按照本试行办法第四条、第八条和第九条的规定，进行认真的资格审查。审查合格者，参加论文答辩；审查不合格者，不能参加论文答辩。

第11条　普通高等学校及其学科、专业培养来华留学硕士生，原则上应采取脱产培养的方式，即整个培养过程均在我国完成。提倡来华留学硕士生撰写论文与其本国实际相结合；确因需要、经指导教师同意，来华留学硕士生可以利用部分时间回国撰写论文，但在我国进行论文工作的时间不得少于半年；来华留学硕士生的论文答辩工作必须在我国进行。

**第 12 条** 来华留学硕士生申请硕士学位以及普通高等学校及其学科、专业对学位申请者论文的评阅和答辩，按学位条例暂行实施办法第六条、第八条和第九条关于对硕士学位论文进行评阅和答辩的规定进行。对论文答辩通过者，经论文答辩委员会主席签字后报送校学位评定委员会批准授予硕士学位；对论文答辩未通过、要求重新答辩者，经论文答辩委员会同意，可在一年内修改论文，重新答辩一次。

## 博士学位

**第 13 条** 普通高等学校培养的来华留学博士生，符合本试行办法的规定，通过博士学位的课程考试和论文答辩，成绩合格，达到学位条例第六条规定的学术水平者，授予博士学位。

**第 14 条** 来华留学博士生撰写的博士学位论文，应当表明作者具有独立从事科学研究工作的能力，并在科学或专门技术上做出创造性成果。在工程技术、临床医学以及其他应用学科、专业毕业的来华留学博士生提交的博士学位论文，应具有重要的实际价值，同时表明作者具有独立从事科学研究工作或从事专门技术工作的能力。

**第 15 条** 普通高等学校及其学科、专业，应根据来华留学博士生进行科学研究工作的需要开设必要的课程。学位申请者应在学习期间通过本专业规定的课程考试。具体要求如下：

（一）基础理论课和专业课。要求在本门学科掌握坚实宽广的基础理论和系统深入的专门知识。

（二）汉语课。对于在我国获得硕士或学士学位、再次申请来华攻读博士学位者，要求具有使用生活用语和阅读本专业汉语资料的能力；对于在他国获得相当于我国硕士学位学术水平的学历证书者，要求具有使用生活用语和阅读本专业汉语资料的初步能力。《中国概况》应作为来华留学博士生的必修课来安排和要求。

（三）一门外国语（除派遣国母语、汉语以外）。要求具有阅读本专业资料的初步能力。可作为选修课来安排要求。

凡未达到上述要求者，不能参加论文答辩。

第16条　普通高等学校培养来华留学博士生，可以采取两种方式：一是脱产培养，整个培养过程均在我国完成；二是在职培养，其课程学习和撰写论文可以在我国和他国完成。

在职培养的来华留学博士生，如果课程学习在他国完成的，其课程考试应在我国进行；学位论文在他国完成的，其论文答辩工作必须在我国进行。在职培养的来华留学博士生，在我国进行课程学习和科学研究工作的时间累计不得少于一年半。

第17条　我国普通高等学校及其学科、专业，对于来华留学博士生申请博士学位，应按照本试行办法第四条、第十四条、第十五条和第十六条的规定，进行严格的资格审查。审查合格者，参加论文答辩；审查不合格者，不能参加论文答辩。

第18条　来华留学博士生申请博士学位以及普通高等学校及其学科、专业对学位申请者博士学位论文的评阅和答辩，按学位条例暂行实施办法第十条、第十二条、第十三条和第十四条的规定进行。对论文答辩通过者，经论文答辩委员会主席签字后报送校学位评定委员会批准授予博士学位；对论文答辩未通过、要求重新答辩者，经论文答辩委员会同意，可在两年内修改论文，重新答辩一次。

### 其他规定

第19条　攻读我国哲学、经济学、法学、教育学、文学、历史学以及艺术、中医和临床医学等专业学士、硕士和博士学位的来华留学生，应用汉语撰写和答辩论文。普通高等学校及其学科、专业应根据学校及其学科、专业的有关规定对学位申请者进行认真的审查、审核和授予学位。

攻读其他学科、专业学士、硕士和博士学位的来华留学生，其本科毕业论文、硕士学位论文和博士学位论文可以用汉语、英语和法语撰写和答辩。

第20条　普通高等学校授予他国具有研究生毕业同等学力的有关人员我国硕士、博士学位，可参照国务院学位委员会《关于授予具有研究生毕业同等学力的在职人员硕士、博士学位暂行规定》及其实施细则的有关规定办理。

第21条　普通高等学校及其学科、专业可以根据本试行办法的有关规定，结合本单位的办学特点，拟定授予来华留学生我国学位的工作细则，做好学位授予工作。

第22条　普通高等学校及其学科、专业应通过我驻外使（领）馆对来华留学生中学位获得者从事实际工作和科学研究工作的情况定期进行追踪调查工作；国务院学位委员会将会同各省、自治区、直辖市以及国务院有关部委的高等教育主管部门对普通高等学校授予来华留学生我国学位的质量进行检查和评估。

第23条　普通高等学校为来华留学生颁发的学位证书，除按规定用汉语填写外，还可以用英和法语印制、书写译文副本，所有版本具有同等效力。证书及其译文副本由国务院学位委员会办公室统一印制。

### 第四十五条　生效时间

本法自2025年1月1日起施行。《中华人民共和国学位条例》同时废止。

# 附录一

# 中华人民共和国教育法

（1995年3月18日第八届全国人民代表大会第三次会议通过 根据2009年8月27日第十一届全国人民代表大会常务委员会第十次会议《关于修改部分法律的决定》第一次修正 根据2015年12月27日第十二届全国人民代表大会常务委员会第十八次会议《关于修改〈中华人民共和国教育法〉的决定》第二次修正 根据2021年4月29日第十三届全国人民代表大会常务委员会第二十八次会议《关于修改〈中华人民共和国教育法〉的决定》第三次修正）

## 目　　录

第一章　总　　则
第二章　教育基本制度
第三章　学校及其他教育机构
第四章　教师和其他教育工作者
第五章　受教育者
第六章　教育与社会
第七章　教育投入与条件保障
第八章　教育对外交流与合作
第九章　法律责任
第十章　附　　则

## 第一章　总　　则

**第一条**　为了发展教育事业，提高全民族的素质，促进社会主义物质文明和精神文明建设，根据宪法，制定本法。

**第二条** 在中华人民共和国境内的各级各类教育，适用本法。

**第三条** 国家坚持中国共产党的领导，坚持以马克思列宁主义、毛泽东思想、邓小平理论、"三个代表"重要思想、科学发展观、习近平新时代中国特色社会主义思想为指导，遵循宪法确定的基本原则，发展社会主义的教育事业。

**第四条** 教育是社会主义现代化建设的基础，对提高人民综合素质、促进人的全面发展、增强中华民族创新创造活力、实现中华民族伟大复兴具有决定性意义，国家保障教育事业优先发展。

全社会应当关心和支持教育事业的发展。

全社会应当尊重教师。

**第五条** 教育必须为社会主义现代化建设服务、为人民服务，必须与生产劳动和社会实践相结合，培养德智体美劳全面发展的社会主义建设者和接班人。

**第六条** 教育应当坚持立德树人，对受教育者加强社会主义核心价值观教育，增强受教育者的社会责任感、创新精神和实践能力。

国家在受教育者中进行爱国主义、集体主义、中国特色社会主义的教育，进行理想、道德、纪律、法治、国防和民族团结的教育。

**第七条** 教育应当继承和弘扬中华优秀传统文化、革命文化、社会主义先进文化，吸收人类文明发展的一切优秀成果。

**第八条** 教育活动必须符合国家和社会公共利益。

国家实行教育与宗教相分离。任何组织和个人不得利用宗教进行妨碍国家教育制度的活动。

**第九条** 中华人民共和国公民有受教育的权利和义务。

公民不分民族、种族、性别、职业、财产状况、宗教信仰等，依法享有平等的受教育机会。

**第十条** 国家根据各少数民族的特点和需要，帮助各少数民族地区发展教育事业。

国家扶持边远贫困地区发展教育事业。

国家扶持和发展残疾人教育事业。

第十一条　国家适应社会主义市场经济发展和社会进步的需要，推进教育改革，推动各级各类教育协调发展、衔接融通，完善现代国民教育体系，健全终身教育体系，提高教育现代化水平。

国家采取措施促进教育公平，推动教育均衡发展。

国家支持、鼓励和组织教育科学研究，推广教育科学研究成果，促进教育质量提高。

第十二条　国家通用语言文字为学校及其他教育机构的基本教育教学语言文字，学校及其他教育机构应当使用国家通用语言文字进行教育教学。

民族自治地方以少数民族学生为主的学校及其他教育机构，从实际出发，使用国家通用语言文字和本民族或者当地民族通用的语言文字实施双语教育。

国家采取措施，为少数民族学生为主的学校及其他教育机构实施双语教育提供条件和支持。

第十三条　国家对发展教育事业做出突出贡献的组织和个人，给予奖励。

第十四条　国务院和地方各级人民政府根据分级管理、分工负责的原则，领导和管理教育工作。

中等及中等以下教育在国务院领导下，由地方人民政府管理。

高等教育由国务院和省、自治区、直辖市人民政府管理。

第十五条　国务院教育行政部门主管全国教育工作，统筹规划、协调管理全国的教育事业。

县级以上地方各级人民政府教育行政部门主管本行政区域内的教育工作。

县级以上各级人民政府其他有关部门在各自的职责范围内，负责有关的教育工作。

第十六条　国务院和县级以上地方各级人民政府应当向本级人民代表大会或者其常务委员会报告教育工作和教育经费预算、决算情况，接受监督。

## 第二章 教育基本制度

**第十七条** 国家实行学前教育、初等教育、中等教育、高等教育的学校教育制度。

国家建立科学的学制系统。学制系统内的学校和其他教育机构的设置、教育形式、修业年限、招生对象、培养目标等，由国务院或者由国务院授权教育行政部门规定。

**第十八条** 国家制定学前教育标准，加快普及学前教育，构建覆盖城乡，特别是农村的学前教育公共服务体系。

各级人民政府应当采取措施，为适龄儿童接受学前教育提供条件和支持。

**第十九条** 国家实行九年制义务教育制度。

各级人民政府采取各种措施保障适龄儿童、少年就学。

适龄儿童、少年的父母或者其他监护人以及有关社会组织和个人有义务使适龄儿童、少年接受并完成规定年限的义务教育。

**第二十条** 国家实行职业教育制度和继续教育制度。

各级人民政府、有关行政部门和行业组织以及企业事业组织应当采取措施，发展并保障公民接受职业学校教育或者各种形式的职业培训。

国家鼓励发展多种形式的继续教育，使公民接受适当形式的政治、经济、文化、科学、技术、业务等方面的教育，促进不同类型学习成果的互认和衔接，推动全民终身学习。

**第二十一条** 国家实行国家教育考试制度。

国家教育考试由国务院教育行政部门确定种类，并由国家批准的实施教育考试的机构承办。

**第二十二条** 国家实行学业证书制度。

经国家批准设立或者认可的学校及其他教育机构按照国家有关规定，颁发学历证书或者其他学业证书。

**第二十三条** 国家实行学位制度。

学位授予单位依法对达到一定学术水平或者专业技术水平的人员授予相应的学位，颁发学位证书。

第二十四条　各级人民政府、基层群众性自治组织和企业事业组织应当采取各种措施，开展扫除文盲的教育工作。

按照国家规定具有接受扫除文盲教育能力的公民，应当接受扫除文盲的教育。

第二十五条　国家实行教育督导制度和学校及其他教育机构教育评估制度。

## 第三章　学校及其他教育机构

第二十六条　国家制定教育发展规划，并举办学校及其他教育机构。

国家鼓励企业事业组织、社会团体、其他社会组织及公民个人依法举办学校及其他教育机构。

国家举办学校及其他教育机构，应当坚持勤俭节约的原则。

以财政性经费、捐赠资产举办或者参与举办的学校及其他教育机构不得设立为营利性组织。

第二十七条　设立学校及其他教育机构，必须具备下列基本条件：

（一）有组织机构和章程；

（二）有合格的教师；

（三）有符合规定标准的教学场所及设施、设备等；

（四）有必备的办学资金和稳定的经费来源。

第二十八条　学校及其他教育机构的设立、变更和终止，应当按照国家有关规定办理审核、批准、注册或者备案手续。

第二十九条　学校及其他教育机构行使下列权利：

（一）按照章程自主管理；

（二）组织实施教育教学活动；

（三）招收学生或者其他受教育者；

（四）对受教育者进行学籍管理，实施奖励或者处分；

（五）对受教育者颁发相应的学业证书；

（六）聘任教师及其他职工，实施奖励或者处分；

（七）管理、使用本单位的设施和经费；

（八）拒绝任何组织和个人对教育教学活动的非法干涉；

（九）法律、法规规定的其他权利。

国家保护学校及其他教育机构的合法权益不受侵犯。

第三十条 学校及其他教育机构应当履行下列义务：

（一）遵守法律、法规；

（二）贯彻国家的教育方针，执行国家教育教学标准，保证教育教学质量；

（三）维护受教育者、教师及其他职工的合法权益；

（四）以适当方式为受教育者及其监护人了解受教育者的学业成绩及其他有关情况提供便利；

（五）遵照国家有关规定收取费用并公开收费项目；

（六）依法接受监督。

第三十一条 学校及其他教育机构的举办者按照国家有关规定，确定其所举办的学校或者其他教育机构的管理体制。

学校及其他教育机构的校长或者主要行政负责人必须由具有中华人民共和国国籍、在中国境内定居、并具备国家规定任职条件的公民担任，其任免按照国家有关规定办理。学校的教学及其他行政管理，由校长负责。

学校及其他教育机构应当按照国家有关规定，通过以教师为主体的教职工代表大会等组织形式，保障教职工参与民主管理和监督。

第三十二条 学校及其他教育机构具备法人条件的，自批准设立或者登记注册之日起取得法人资格。

学校及其他教育机构在民事活动中依法享有民事权利，承担民事责任。

学校及其他教育机构中的国有资产属于国家所有。

学校及其他教育机构兴办的校办产业独立承担民事责任。

## 第四章 教师和其他教育工作者

**第三十三条** 教师享有法律规定的权利，履行法律规定的义务，忠诚于人民的教育事业。

**第三十四条** 国家保护教师的合法权益，改善教师的工作条件和生活条件，提高教师的社会地位。

教师的工资报酬、福利待遇，依照法律、法规的规定办理。

**第三十五条** 国家实行教师资格、职务、聘任制度，通过考核、奖励、培养和培训，提高教师素质，加强教师队伍建设。

**第三十六条** 学校及其他教育机构中的管理人员，实行教育职员制度。

学校及其他教育机构中的教学辅助人员和其他专业技术人员，实行专业技术职务聘任制度。

## 第五章 受教育者

**第三十七条** 受教育者在入学、升学、就业等方面依法享有平等权利。

学校和有关行政部门应当按照国家有关规定，保障女子在入学、升学、就业、授予学位、派出留学等方面享有同男子平等的权利。

**第三十八条** 国家、社会对符合入学条件、家庭经济困难的儿童、少年、青年，提供各种形式的资助。

**第三十九条** 国家、社会、学校及其他教育机构应当根据残疾人身心特性和需要实施教育，并为其提供帮助和便利。

**第四十条** 国家、社会、家庭、学校及其他教育机构应当为有违法犯罪行为的未成年人接受教育创造条件。

**第四十一条** 从业人员有依法接受职业培训和继续教育的权利和义务。

国家机关、企业事业组织和其他社会组织，应当为本单位职工的学习和培训提供条件和便利。

第四十二条　国家鼓励学校及其他教育机构、社会组织采取措施，为公民接受终身教育创造条件。

第四十三条　受教育者享有下列权利：

（一）参加教育教学计划安排的各种活动，使用教育教学设施、设备、图书资料；

（二）按照国家有关规定获得奖学金、贷学金、助学金；

（三）在学业成绩和品行上获得公正评价，完成规定的学业后获得相应的学业证书、学位证书；

（四）对学校给予的处分不服向有关部门提出申诉，对学校、教师侵犯其人身权、财产权等合法权益，提出申诉或者依法提起诉讼；

（五）法律、法规规定的其他权利。

第四十四条　受教育者应当履行下列义务：

（一）遵守法律、法规；

（二）遵守学生行为规范，尊敬师长，养成良好的思想品德和行为习惯；

（三）努力学习，完成规定的学习任务；

（四）遵守所在学校或者其他教育机构的管理制度。

第四十五条　教育、体育、卫生行政部门和学校及其他教育机构应当完善体育、卫生保健设施，保护学生的身心健康。

## 第六章　教育与社会

第四十六条　国家机关、军队、企业事业组织、社会团体及其他社会组织和个人，应当依法为儿童、少年、青年学生的身心健康成长创造良好的社会环境。

第四十七条　国家鼓励企业事业组织、社会团体及其他社会组织同高等学校、中等职业学校在教学、科研、技术开发和推广等方面进行多种形式的合作。

企业事业组织、社会团体及其他社会组织和个人，可以通过适当形式，支持学校的建设，参与学校管理。

**第四十八条** 国家机关、军队、企业事业组织及其他社会组织应当为学校组织的学生实习、社会实践活动提供帮助和便利。

**第四十九条** 学校及其他教育机构在不影响正常教育教学活动的前提下，应当积极参加当地的社会公益活动。

**第五十条** 未成年人的父母或者其他监护人应当为其未成年子女或者其他被监护人受教育提供必要条件。

未成年人的父母或者其他监护人应当配合学校及其他教育机构，对其未成年子女或者其他被监护人进行教育。

学校、教师可以对学生家长提供家庭教育指导。

**第五十一条** 图书馆、博物馆、科技馆、文化馆、美术馆、体育馆（场）等社会公共文化体育设施，以及历史文化古迹和革命纪念馆（地），应当对教师、学生实行优待，为受教育者接受教育提供便利。

广播、电视台（站）应当开设教育节目，促进受教育者思想品德、文化和科学技术素质的提高。

**第五十二条** 国家、社会建立和发展对未成年人进行校外教育的设施。

学校及其他教育机构应当同基层群众性自治组织、企业事业组织、社会团体相互配合，加强对未成年人的校外教育工作。

**第五十三条** 国家鼓励社会团体、社会文化机构及其他社会组织和个人开展有益于受教育者身心健康的社会文化教育活动。

## 第七章 教育投入与条件保障

**第五十四条** 国家建立以财政拨款为主、其他多种渠道筹措教育经费为辅的体制，逐步增加对教育的投入，保证国家举办的学校教育经费的稳定来源。

企业事业组织、社会团体及其他社会组织和个人依法举办的学校及其他教育机构，办学经费由举办者负责筹措，各级人民政府可以给予适当支持。

第五十五条 国家财政性教育经费支出占国民生产总值的比例应当随着国民经济的发展和财政收入的增长逐步提高。具体比例和实施步骤由国务院规定。

全国各级财政支出总额中教育经费所占比例应当随着国民经济的发展逐步提高。

第五十六条 各级人民政府的教育经费支出，按照事权和财权相统一的原则，在财政预算中单独列项。

各级人民政府教育财政拨款的增长应当高于财政经常性收入的增长，并使按在校学生人数平均的教育费用逐步增长，保证教师工资和学生人均公用经费逐步增长。

第五十七条 国务院及县级以上地方各级人民政府应当设立教育专项资金，重点扶持边远贫困地区、少数民族地区实施义务教育。

第五十八条 税务机关依法足额征收教育费附加，由教育行政部门统筹管理，主要用于实施义务教育。

省、自治区、直辖市人民政府根据国务院的有关规定，可以决定开征用于教育的地方附加费，专款专用。

第五十九条 国家采取优惠措施，鼓励和扶持学校在不影响正常教育教学的前提下开展勤工俭学和社会服务，兴办校办产业。

第六十条 国家鼓励境内、境外社会组织和个人捐资助学。

第六十一条 国家财政性教育经费、社会组织和个人对教育的捐赠，必须用于教育，不得挪用、克扣。

第六十二条 国家鼓励运用金融、信贷手段，支持教育事业的发展。

第六十三条 各级人民政府及其教育行政部门应当加强对学校及其他教育机构教育经费的监督管理，提高教育投资效益。

第六十四条 地方各级人民政府及其有关行政部门必须把学校的基本建设纳入城乡建设规划，统筹安排学校的基本建设用地及所需物资，按照国家有关规定实行优先、优惠政策。

第六十五条　各级人民政府对教科书及教学用图书资料的出版发行，对教学仪器、设备的生产和供应，对用于学校教育教学和科学研究的图书资料、教学仪器、设备的进口，按照国家有关规定实行优先、优惠政策。

第六十六条　国家推进教育信息化，加快教育信息基础设施建设，利用信息技术促进优质教育资源普及共享，提高教育教学水平和教育管理水平。

县级以上人民政府及其有关部门应当发展教育信息技术和其他现代化教学方式，有关行政部门应当优先安排，给予扶持。

国家鼓励学校及其他教育机构推广运用现代化教学方式。

## 第八章　教育对外交流与合作

第六十七条　国家鼓励开展教育对外交流与合作，支持学校及其他教育机构引进优质教育资源，依法开展中外合作办学，发展国际教育服务，培养国际化人才。

教育对外交流与合作坚持独立自主、平等互利、相互尊重的原则，不得违反中国法律，不得损害国家主权、安全和社会公共利益。

第六十八条　中国境内公民出国留学、研究、进行学术交流或者任教，依照国家有关规定办理。

第六十九条　中国境外个人符合国家规定的条件并办理有关手续后，可以进入中国境内学校及其他教育机构学习、研究、进行学术交流或者任教，其合法权益受国家保护。

第七十条　中国对境外教育机构颁发的学位证书、学历证书及其他学业证书的承认，依照中华人民共和国缔结或者加入的国际条约办理，或者按照国家有关规定办理。

## 第九章　法律责任

第七十一条　违反国家有关规定，不按照预算核拨教育经费的，由同级人民政府限期核拨；情节严重的，对直接负责的主管人员和其他直接责任人员，依法给予处分。

违反国家财政制度、财务制度，挪用、克扣教育经费的，由上级机关责令限期归还被挪用、克扣的经费，并对直接负责的主管人员和其他直接责任人员，依法给予处分；构成犯罪的，依法追究刑事责任。

**第七十二条** 结伙斗殴、寻衅滋事，扰乱学校及其他教育机构教育教学秩序或者破坏校舍、场地及其他财产的，由公安机关给予治安管理处罚；构成犯罪的，依法追究刑事责任。

侵占学校及其他教育机构的校舍、场地及其他财产的，依法承担民事责任。

**第七十三条** 明知校舍或者教育教学设施有危险，而不采取措施，造成人员伤亡或者重大财产损失的，对直接负责的主管人员和其他直接责任人员，依法追究刑事责任。

**第七十四条** 违反国家有关规定，向学校或者其他教育机构收取费用的，由政府责令退还所收费用；对直接负责的主管人员和其他直接责任人员，依法给予处分。

**第七十五条** 违反国家有关规定，举办学校或者其他教育机构的，由教育行政部门或者其他有关行政部门予以撤销；有违法所得的，没收违法所得；对直接负责的主管人员和其他直接责任人员，依法给予处分。

**第七十六条** 学校或者其他教育机构违反国家有关规定招收学生的，由教育行政部门或者其他有关行政部门责令退回招收的学生，退还所收费用；对学校、其他教育机构给予警告，可以处违法所得五倍以下罚款；情节严重的，责令停止相关招生资格一年以上三年以下，直至撤销招生资格、吊销办学许可证；对直接负责的主管人员和其他直接责任人员，依法给予处分；构成犯罪的，依法追究刑事责任。

**第七十七条** 在招收学生工作中滥用职权、玩忽职守、徇私舞弊的，由教育行政部门或者其他有关行政部门责令退回招收的不符合入学条件的人员；对直接负责的主管人员和其他直接责任人员，依法给予处分；构成犯罪的，依法追究刑事责任。

盗用、冒用他人身份，顶替他人取得的入学资格的，由教育行政部门或者其他有关行政部门责令撤销入学资格，并责令停止参加相关国家教育考试二年以上五年以下；已经取得学位证书、学历证书或者其他学业证书的，由颁发机构撤销相关证书；已经成为公职人员的，依法给予开除处分；构成违反治安管理行为的，由公安机关依法给予治安管理处罚；构成犯罪的，依法追究刑事责任。

与他人串通，允许他人冒用本人身份，顶替本人取得的入学资格的，由教育行政部门或者其他有关行政部门责令停止参加相关国家教育考试一年以上三年以下；有违法所得的，没收违法所得；已经成为公职人员的，依法给予处分；构成违反治安管理行为的，由公安机关依法给予治安管理处罚；构成犯罪的，依法追究刑事责任。

组织、指使盗用或者冒用他人身份，顶替他人取得的入学资格的，有违法所得的，没收违法所得；属于公职人员的，依法给予处分；构成违反治安管理行为的，由公安机关依法给予治安管理处罚；构成犯罪的，依法追究刑事责任。

入学资格被顶替权利受到侵害的，可以请求恢复其入学资格。

**第七十八条** 学校及其他教育机构违反国家有关规定向受教育者收取费用的，由教育行政部门或者其他有关行政部门责令退还所收费用；对直接负责的主管人员和其他直接责任人员，依法给予处分。

**第七十九条** 考生在国家教育考试中有下列行为之一的，由组织考试的教育考试机构工作人员在考试现场采取必要措施予以制止并终止其继续参加考试；组织考试的教育考试机构可以取消其相关考试资格或者考试成绩；情节严重的，由教育行政部门责令停止参加相关国家教育考试一年以上三年以下；构成违反治安管理行为的，由公安机关依法给予治安管理处罚；构成犯罪的，依法追究刑事责任：

（一）非法获取考试试题或者答案的；

（二）携带或者使用考试作弊器材、资料的；

（三）抄袭他人答案的；

（四）让他人代替自己参加考试的；

（五）其他以不正当手段获得考试成绩的作弊行为。

第八十条 任何组织或者个人在国家教育考试中有下列行为之一，有违法所得的，由公安机关没收违法所得，并处违法所得一倍以上五倍以下罚款；情节严重的，处五日以上十五日以下拘留；构成犯罪的，依法追究刑事责任；属于国家机关工作人员的，还应当依法给予处分：

（一）组织作弊的；

（二）通过提供考试作弊器材等方式为作弊提供帮助或者便利的；

（三）代替他人参加考试的；

（四）在考试结束前泄露、传播考试试题或者答案的；

（五）其他扰乱考试秩序的行为。

第八十一条 举办国家教育考试，教育行政部门、教育考试机构疏于管理，造成考场秩序混乱、作弊情况严重的，对直接负责的主管人员和其他直接责任人员，依法给予处分；构成犯罪的，依法追究刑事责任。

第八十二条 学校或者其他教育机构违反本法规定，颁发学位证书、学历证书或者其他学业证书的，由教育行政部门或者其他有关行政部门宣布证书无效，责令收回或者予以没收；有违法所得的，没收违法所得；情节严重的，责令停止相关招生资格一年以上三年以下，直至撤销招生资格、颁发证书资格；对直接负责的主管人员和其他直接责任人员，依法给予处分。

前款规定以外的任何组织或者个人制造、销售、颁发假冒学位证书、学历证书或者其他学业证书，构成违反治安管理行为的，由公安机关依法给予治安管理处罚；构成犯罪的，依法追究刑事责任。

以作弊、剽窃、抄袭等欺诈行为或者其他不正当手段获得学位证书、学历证书或者其他学业证书的,由颁发机构撤销相关证书。购买、使用假冒学位证书、学历证书或者其他学业证书,构成违反治安管理行为的,由公安机关依法给予治安管理处罚。

第八十三条 违反本法规定,侵犯教师、受教育者、学校或者其他教育机构的合法权益,造成损失、损害的,应当依法承担民事责任。

## 第十章 附 则

第八十四条 军事学校教育由中央军事委员会根据本法的原则规定。

宗教学校教育由国务院另行规定。

第八十五条 境外的组织和个人在中国境内办学和合作办学的办法,由国务院规定。

第八十六条 本法自1995年9月1日起施行。

# 中华人民共和国高等教育法

(1998年8月29日第九届全国人民代表大会常务委员会第四次会议通过 根据2015年12月27日第十二届全国人民代表大会常务委员会第十八次会议《关于修改〈中华人民共和国高等教育法〉的决定》第一次修正 根据2018年12月29日第十三届全国人民代表大会常务委员会第七次会议《关于修改〈中华人民共和国电力法〉等四部法律的决定》第二次修正)

## 目 录

第一章 总 则
第二章 高等教育基本制度

第三章　高等学校的设立

第四章　高等学校的组织和活动

第五章　高等学校教师和其他教育工作者

第六章　高等学校的学生

第七章　高等教育投入和条件保障

第八章　附　　则

## 第一章　总　　则

**第一条**　为了发展高等教育事业，实施科教兴国战略，促进社会主义物质文明和精神文明建设，根据宪法和教育法，制定本法。

**第二条**　在中华人民共和国境内从事高等教育活动，适用本法。

本法所称高等教育，是指在完成高级中等教育基础上实施的教育。

**第三条**　国家坚持以马克思列宁主义、毛泽东思想、邓小平理论为指导，遵循宪法确定的基本原则，发展社会主义的高等教育事业。

**第四条**　高等教育必须贯彻国家的教育方针，为社会主义现代化建设服务、为人民服务，与生产劳动和社会实践相结合，使受教育者成为德、智、体、美等方面全面发展的社会主义建设者和接班人。

**第五条**　高等教育的任务是培养具有社会责任感、创新精神和实践能力的高级专门人才，发展科学技术文化，促进社会主义现代化建设。

**第六条**　国家根据经济建设和社会发展的需要，制定高等教育发展规划，举办高等学校，并采取多种形式积极发展高等教育事业。

国家鼓励企业事业组织、社会团体及其他社会组织和公民等社会力量依法举办高等学校，参与和支持高等教育事业的改革和发展。

**第七条**　国家按照社会主义现代化建设和发展社会主义市场经济的需要，根据不同类型、不同层次高等学校的实际，推进高等教育体制改革和高等教育教学改革，优化高等教育结构和资源配置，提高高等教育的质量和效益。

**第八条** 国家根据少数民族的特点和需要，帮助和支持少数民族地区发展高等教育事业，为少数民族培养高级专门人才。

**第九条** 公民依法享有接受高等教育的权利。

国家采取措施，帮助少数民族学生和经济困难的学生接受高等教育。

高等学校必须招收符合国家规定的录取标准的残疾学生入学，不得因其残疾而拒绝招收。

**第十条** 国家依法保障高等学校中的科学研究、文学艺术创作和其他文化活动的自由。

在高等学校中从事科学研究、文学艺术创作和其他文化活动，应当遵守法律。

**第十一条** 高等学校应当面向社会，依法自主办学，实行民主管理。

**第十二条** 国家鼓励高等学校之间、高等学校与科学研究机构以及企业事业组织之间开展协作，实行优势互补，提高教育资源的使用效益。

国家鼓励和支持高等教育事业的国际交流与合作。

**第十三条** 国务院统一领导和管理全国高等教育事业。

省、自治区、直辖市人民政府统筹协调本行政区域内的高等教育事业，管理主要为地方培养人才和国务院授权管理的高等学校。

**第十四条** 国务院教育行政部门主管全国高等教育工作，管理由国务院确定的主要为全国培养人才的高等学校。国务院其他有关部门在国务院规定的职责范围内，负责有关的高等教育工作。

## 第二章  高等教育基本制度

**第十五条** 高等教育包括学历教育和非学历教育。

高等教育采用全日制和非全日制教育形式。

国家支持采用广播、电视、函授及其他远程教育方式实施高等教育。

**第十六条** 高等学历教育分为专科教育、本科教育和研究生教育。

高等学历教育应当符合下列学业标准：

（一）专科教育应当使学生掌握本专业必备的基础理论、专门知识，具有从事本专业实际工作的基本技能和初步能力；

（二）本科教育应当使学生比较系统地掌握本学科、专业必需的基础理论、基本知识，掌握本专业必要的基本技能、方法和相关知识，具有从事本专业实际工作和研究工作的初步能力；

（三）硕士研究生教育应当使学生掌握本学科坚实的基础理论、系统的专业知识，掌握相应的技能、方法和相关知识，具有从事本专业实际工作和科学研究工作的能力。博士研究生教育应当使学生掌握本学科坚实宽广的基础理论、系统深入的专业知识、相应的技能和方法，具有独立从事本学科创造性科学研究工作和实际工作的能力。

**第十七条** 专科教育的基本修业年限为二至三年，本科教育的基本修业年限为四至五年，硕士研究生教育的基本修业年限为二至三年，博士研究生教育的基本修业年限为三至四年。非全日制高等学历教育的修业年限应当适当延长。高等学校根据实际需要，可以对本学校的修业年限作出调整。

**第十八条** 高等教育由高等学校和其他高等教育机构实施。

大学、独立设置的学院主要实施本科及本科以上教育。高等专科学校实施专科教育。经国务院教育行政部门批准，科学研究机构可以承担研究生教育的任务。

其他高等教育机构实施非学历高等教育。

**第十九条** 高级中等教育毕业或者具有同等学力的，经考试合格，由实施相应学历教育的高等学校录取，取得专科生或者本科生入学资格。

本科毕业或者具有同等学力的，经考试合格，由实施相应学历教育的高等学校或者经批准承担研究生教育任务的科学研究机构录取，取得硕士研究生入学资格。

硕士研究生毕业或者具有同等学力的，经考试合格，由实施相应学历教育的高等学校或者经批准承担研究生教育任务的科学研究机构录取，取得博士研究生入学资格。

允许特定学科和专业的本科毕业生直接取得博士研究生入学资格，具体办法由国务院教育行政部门规定。

**第二十条** 接受高等学历教育的学生，由所在高等学校或者经批准承担研究生教育任务的科学研究机构根据其修业年限、学业成绩等，按照国家有关规定，发给相应的学历证书或者其他学业证书。

接受非学历高等教育的学生，由所在高等学校或者其他高等教育机构发给相应的结业证书。结业证书应当载明修业年限和学业内容。

**第二十一条** 国家实行高等教育自学考试制度，经考试合格的，发给相应的学历证书或者其他学业证书。

**第二十二条** 国家实行学位制度。学位分为学士、硕士和博士。

公民通过接受高等教育或者自学，其学业水平达到国家规定的学位标准，可以向学位授予单位申请授予相应的学位。

**第二十三条** 高等学校和其他高等教育机构应当根据社会需要和自身办学条件，承担实施继续教育的工作。

## 第三章 高等学校的设立

**第二十四条** 设立高等学校，应当符合国家高等教育发展规划，符合国家利益和社会公共利益。

**第二十五条** 设立高等学校，应当具备教育法规定的基本条件。

大学或者独立设置的学院还应当具有较强的教学、科学研究力量，较高的教学、科学研究水平和相应规模，能够实施本科及本科以上教育。大学还必须设有三个以上国家规定的学科门类为主要学科。设立高等学校的具体标准由国务院制定。

设立其他高等教育机构的具体标准,由国务院授权的有关部门或者省、自治区、直辖市人民政府根据国务院规定的原则制定。

**第二十六条** 设立高等学校,应当根据其层次、类型、所设学科类别、规模、教学和科学研究水平,使用相应的名称。

**第二十七条** 申请设立高等学校的,应当向审批机关提交下列材料:

(一)申办报告;

(二)可行性论证材料;

(三)章程;

(四)审批机关依照本法规定要求提供的其他材料。

**第二十八条** 高等学校的章程应当规定以下事项:

(一)学校名称、校址;

(二)办学宗旨;

(三)办学规模;

(四)学科门类的设置;

(五)教育形式;

(六)内部管理体制;

(七)经费来源、财产和财务制度;

(八)举办者与学校之间的权利、义务;

(九)章程修改程序;

(十)其他必须由章程规定的事项。

**第二十九条** 设立实施本科及以上教育的高等学校,由国务院教育行政部门审批;设立实施专科教育的高等学校,由省、自治区、直辖市人民政府审批,报国务院教育行政部门备案;设立其他高等教育机构,由省、自治区、直辖市人民政府教育行政部门审批。审批设立高等学校和其他高等教育机构应当遵守国家有关规定。

审批设立高等学校,应当委托由专家组成的评议机构评议。

高等学校和其他高等教育机构分立、合并、终止,变更名称、类别和其他重要事项，由本条第一款规定的审批机关审批；修改章程，应当根据管理权限，报国务院教育行政部门或者省、自治区、直辖市人民政府教育行政部门核准。

## 第四章　高等学校的组织和活动

**第三十条**　高等学校自批准设立之日起取得法人资格。高等学校的校长为高等学校的法定代表人。

高等学校在民事活动中依法享有民事权利，承担民事责任。

**第三十一条**　高等学校应当以培养人才为中心，开展教学、科学研究和社会服务，保证教育教学质量达到国家规定的标准。

**第三十二条**　高等学校根据社会需求、办学条件和国家核定的办学规模，制定招生方案，自主调节系科招生比例。

**第三十三条**　高等学校依法自主设置和调整学科、专业。

**第三十四条**　高等学校根据教学需要，自主制定教学计划、选编教材、组织实施教学活动。

**第三十五条**　高等学校根据自身条件，自主开展科学研究、技术开发和社会服务。

国家鼓励高等学校同企业事业组织、社会团体及其他社会组织在科学研究、技术开发和推广等方面进行多种形式的合作。

国家支持具备条件的高等学校成为国家科学研究基地。

**第三十六条**　高等学校按照国家有关规定，自主开展与境外高等学校之间的科学技术文化交流与合作。

**第三十七条**　高等学校根据实际需要和精简、效能的原则，自主确定教学、科学研究、行政职能部门等内部组织机构的设置和人员配备；按照国家有关规定，评聘教师和其他专业技术人员的职务，调整津贴及工资分配。

**第三十八条**　高等学校对举办者提供的财产、国家财政性资助、受捐赠财产依法自主管理和使用。

高等学校不得将用于教学和科学研究活动的财产挪作他用。

**第三十九条** 国家举办的高等学校实行中国共产党高等学校基层委员会领导下的校长负责制。中国共产党高等学校基层委员会按照中国共产党章程和有关规定,统一领导学校工作,支持校长独立负责地行使职权,其领导职责主要是:执行中国共产党的路线、方针、政策,坚持社会主义办学方向,领导学校的思想政治工作和德育工作,讨论决定学校内部组织机构的设置和内部组织机构负责人的人选,讨论决定学校的改革、发展和基本管理制度等重大事项,保证以培养人才为中心的各项任务的完成。

社会力量举办的高等学校的内部管理体制按照国家有关社会力量办学的规定确定。

**第四十条** 高等学校的校长,由符合教育法规定的任职条件的公民担任。高等学校的校长、副校长按照国家有关规定任免。

**第四十一条** 高等学校的校长全面负责本学校的教学、科学研究和其他行政管理工作,行使下列职权:

(一)拟订发展规划,制定具体规章制度和年度工作计划并组织实施;

(二)组织教学活动、科学研究和思想品德教育;

(三)拟订内部组织机构的设置方案,推荐副校长人选,任免内部组织机构的负责人;

(四)聘任与解聘教师以及内部其他工作人员,对学生进行学籍管理并实施奖励或者处分;

(五)拟订和执行年度经费预算方案,保护和管理校产,维护学校的合法权益;

(六)章程规定的其他职权。

高等学校的校长主持校长办公会议或者校务会议,处理前款规定的有关事项。

**第四十二条** 高等学校设立学术委员会,履行下列职责:

(一)审议学科建设、专业设置,教学、科学研究计划方案;

(二)评定教学、科学研究成果;

（三）调查、处理学术纠纷；

（四）调查、认定学术不端行为；

（五）按照章程审议、决定有关学术发展、学术评价、学术规范的其他事项。

第四十三条　高等学校通过以教师为主体的教职工代表大会等组织形式，依法保障教职工参与民主管理和监督，维护教职工合法权益。

第四十四条　高等学校应当建立本学校办学水平、教育质量的评价制度，及时公开相关信息，接受社会监督。

教育行政部门负责组织专家或者委托第三方专业机构对高等学校的办学水平、效益和教育质量进行评估。评估结果应当向社会公开。

## 第五章　高等学校教师和其他教育工作者

第四十五条　高等学校的教师及其他教育工作者享有法律规定的权利，履行法律规定的义务，忠诚于人民的教育事业。

第四十六条　高等学校实行教师资格制度。中国公民凡遵守宪法和法律，热爱教育事业，具有良好的思想品德，具备研究生或者大学本科毕业学历，有相应的教育教学能力，经认定合格，可以取得高等学校教师资格。不具备研究生或者大学本科毕业学历的公民，学有所长，通过国家教师资格考试，经认定合格，也可以取得高等学校教师资格。

第四十七条　高等学校实行教师职务制度。高等学校教师职务根据学校所承担的教学、科学研究等任务的需要设置。教师职务设助教、讲师、副教授、教授。

高等学校的教师取得前款规定的职务应当具备下列基本条件：

（一）取得高等学校教师资格；

（二）系统地掌握本学科的基础理论；

（三）具备相应职务的教育教学能力和科学研究能力；

（四）承担相应职务的课程和规定课时的教学任务。

教授、副教授除应当具备以上基本任职条件外，还应当对本学科具有系统而坚实的基础理论和比较丰富的教学、科学研究经验，教学成绩显著，论文或者著作达到较高水平或者有突出的教学、科学研究成果。

高等学校教师职务的具体任职条件由国务院规定。

**第四十八条** 高等学校实行教师聘任制。教师经评定具备任职条件的，由高等学校按照教师职务的职责、条件和任期聘任。

高等学校的教师的聘任，应当遵循双方平等自愿的原则，由高等学校校长与受聘教师签订聘任合同。

**第四十九条** 高等学校的管理人员，实行教育职员制度。高等学校的教学辅助人员及其他专业技术人员，实行专业技术职务聘任制度。

**第五十条** 国家保护高等学校教师及其他教育工作者的合法权益，采取措施改善高等学校教师及其他教育工作者的工作条件和生活条件。

**第五十一条** 高等学校应当为教师参加培训、开展科学研究和进行学术交流提供便利条件。

高等学校应当对教师、管理人员和教学辅助人员及其他专业技术人员的思想政治表现、职业道德、业务水平和工作实绩进行考核，考核结果作为聘任或者解聘、晋升、奖励或者处分的依据。

**第五十二条** 高等学校的教师、管理人员和教学辅助人员及其他专业技术人员，应当以教学和培养人才为中心做好本职工作。

## 第六章　高等学校的学生

**第五十三条** 高等学校的学生应当遵守法律、法规，遵守学生行为规范和学校的各项管理制度，尊敬师长，刻苦学习，增强体质，树立爱国主义、集体主义和社会主义思想，努力学习马克思列宁主义、毛泽东思想、邓小平理论，具有良好的思想品德，掌握较高的科学文化知识和专业技能。

高等学校学生的合法权益，受法律保护。

**第五十四条** 高等学校的学生应当按照国家规定缴纳学费。

家庭经济困难的学生，可以申请补助或者减免学费。

**第五十五条** 国家设立奖学金，并鼓励高等学校、企业事业组织、社会团体以及其他社会组织和个人按照国家有关规定设立各种形式的奖学金，对品学兼优的学生、国家规定的专业的学生以及到国家规定的地区工作的学生给予奖励。

国家设立高等学校学生勤工助学基金和贷学金，并鼓励高等学校、企业事业组织、社会团体以及其他社会组织和个人设立各种形式的助学金，对家庭经济困难的学生提供帮助。

获得贷学金及助学金的学生，应当履行相应的义务。

**第五十六条** 高等学校的学生在课余时间可以参加社会服务和勤工助学活动，但不得影响学业任务的完成。

高等学校应当对学生的社会服务和勤工助学活动给予鼓励和支持，并进行引导和管理。

**第五十七条** 高等学校的学生，可以在校内组织学生团体。学生团体在法律、法规规定的范围内活动，服从学校的领导和管理。

**第五十八条** 高等学校的学生思想品德合格，在规定的修业年限内学完规定的课程，成绩合格或者修满相应的学分，准予毕业。

**第五十九条** 高等学校应当为毕业生、结业生提供就业指导和服务。

国家鼓励高等学校毕业生到边远、艰苦地区工作。

## 第七章 高等教育投入和条件保障

**第六十条** 高等教育实行以举办者投入为主、受教育者合理分担培养成本、高等学校多种渠道筹措经费的机制。

国务院和省、自治区、直辖市人民政府依照教育法第五十六条的规定，保证国家举办的高等教育的经费逐步增长。

国家鼓励企业事业组织、社会团体及其他社会组织和个人向高等教育投入。

**第六十一条** 高等学校的举办者应当保证稳定的办学经费来源，不得抽回其投入的办学资金。

**第六十二条** 国务院教育行政部门会同国务院其他有关部门根据在校学生年人均教育成本，规定高等学校年经费开支标准和筹措的基本原则；省、自治区、直辖市人民政府教育行政部门会同有关部门制订本行政区域内高等学校年经费开支标准和筹措办法，作为举办者和高等学校筹措办学经费的基本依据。

**第六十三条** 国家对高等学校进口图书资料、教学科研设备以及校办产业实行优惠政策。高等学校所办产业或者转让知识产权以及其他科学技术成果获得的收益，用于高等学校办学。

**第六十四条** 高等学校收取的学费应当按照国家有关规定管理和使用，其他任何组织和个人不得挪用。

**第六十五条** 高等学校应当依法建立、健全财务管理制度，合理使用、严格管理教育经费，提高教育投资效益。

高等学校的财务活动应当依法接受监督。

## 第八章 附 则

**第六十六条** 对高等教育活动中违反教育法规定的，依照教育法的有关规定给予处罚。

**第六十七条** 中国境外个人符合国家规定的条件并办理有关手续后，可以进入中国境内高等学校学习、研究、进行学术交流或者任教，其合法权益受国家保护。

**第六十八条** 本法所称高等学校是指大学、独立设置的学院和高等专科学校，其中包括高等职业学校和成人高等学校。

本法所称其他高等教育机构是指除高等学校和经批准承担研究生教育任务的科学研究机构以外的从事高等教育活动的组织。

本法有关高等学校的规定适用于其他高等教育机构和经批准承担研究生教育任务的科学研究机构，但是对高等学校专门适用的规定除外。

**第六十九条** 本法自 1999 年 1 月 1 日起施行。

# 中华人民共和国民办教育促进法

（2002 年 12 月 28 日第九届全国人民代表大会常务委员会第三十一次会议通过　根据 2013 年 6 月 29 日第十二届全国人民代表大会常务委员会第三次会议《关于修改〈中华人民共和国文物保护法〉等十二部法律的决定》第一次修正　根据 2016 年 11 月 7 日第十二届全国人民代表大会常务委员会第二十四次会议《关于修改〈中华人民共和国民办教育促进法〉的决定》第二次修正　根据 2018 年 12 月 29 日第十三届全国人民代表大会常务委员会第七次会议《关于修改〈中华人民共和国劳动法〉等七部法律的决定》第三次修正）

## 目　录

第一章　总　　则
第二章　设　　立
第三章　学校的组织与活动
第四章　教师与受教育者
第五章　学校资产与财务管理
第六章　管理与监督
第七章　扶持与奖励
第八章　变更与终止
第九章　法律责任
第十章　附　　则

## 第一章 总　则

**第一条**　为实施科教兴国战略，促进民办教育事业的健康发展，维护民办学校和受教育者的合法权益，根据宪法和教育法制定本法。

**第二条**　国家机构以外的社会组织或者个人，利用非国家财政性经费，面向社会举办学校及其他教育机构的活动，适用本法。本法未作规定的，依照教育法和其他有关教育法律执行。

**第三条**　民办教育事业属于公益性事业，是社会主义教育事业的组成部分。

国家对民办教育实行积极鼓励、大力支持、正确引导、依法管理的方针。

各级人民政府应当将民办教育事业纳入国民经济和社会发展规划。

**第四条**　民办学校应当遵守法律、法规，贯彻国家的教育方针，保证教育质量，致力于培养社会主义建设事业的各类人才。

民办学校应当贯彻教育与宗教相分离的原则。任何组织和个人不得利用宗教进行妨碍国家教育制度的活动。

**第五条**　民办学校与公办学校具有同等的法律地位，国家保障民办学校的办学自主权。

国家保障民办学校举办者、校长、教职工和受教育者的合法权益。

**第六条**　国家鼓励捐资办学。

国家对为发展民办教育事业做出突出贡献的组织和个人，给予奖励和表彰。

**第七条**　国务院教育行政部门负责全国民办教育工作的统筹规划、综合协调和宏观管理。

国务院人力资源社会保障行政部门及其他有关部门在国务院规定的职责范围内分别负责有关的民办教育工作。

**第八条**　县级以上地方各级人民政府教育行政部门主管本行政

区域内的民办教育工作。

县级以上地方各级人民政府人力资源社会保障行政部门及其他有关部门在各自的职责范围内，分别负责有关的民办教育工作。

**第九条** 民办学校中的中国共产党基层组织，按照中国共产党章程的规定开展党的活动，加强党的建设。

## 第二章 设 立

**第十条** 举办民办学校的社会组织，应当具有法人资格。

举办民办学校的个人，应当具有政治权利和完全民事行为能力。

民办学校应当具备法人条件。

**第十一条** 设立民办学校应当符合当地教育发展的需求，具备教育法和其他有关法律、法规规定的条件。

民办学校的设置标准参照同级同类公办学校的设置标准执行。

**第十二条** 举办实施学历教育、学前教育、自学考试助学及其他文化教育的民办学校，由县级以上人民政府教育行政部门按照国家规定的权限审批；举办实施以职业技能为主的职业资格培训、职业技能培训的民办学校，由县级以上人民政府人力资源社会保障行政部门按照国家规定的权限审批，并抄送同级教育行政部门备案。

**第十三条** 申请筹设民办学校，举办者应当向审批机关提交下列材料：

（一）申办报告，内容应当主要包括：举办者、培养目标、办学规模、办学层次、办学形式、办学条件、内部管理体制、经费筹措与管理使用等；

（二）举办者的姓名、住址或者名称、地址；

（三）资产来源、资金数额及有效证明文件，并载明产权；

（四）属捐赠性质的校产须提交捐赠协议，载明捐赠人的姓名、所捐资产的数额、用途和管理方法及相关有效证明文件。

**第十四条** 审批机关应当自受理筹设民办学校的申请之日起三

十日内以书面形式作出是否同意的决定。

同意筹设的,发给筹设批准书。不同意筹设的,应当说明理由。

筹设期不得超过三年。超过三年的,举办者应当重新申报。

**第十五条** 申请正式设立民办学校的,举办者应当向审批机关提交下列材料:

(一)筹设批准书;

(二)筹设情况报告;

(三)学校章程、首届学校理事会、董事会或者其他决策机构组成人员名单;

(四)学校资产的有效证明文件;

(五)校长、教师、财会人员的资格证明文件。

**第十六条** 具备办学条件,达到设置标准的,可以直接申请正式设立,并应当提交本法第十三条和第十五条(三)、(四)、(五)项规定的材料。

**第十七条** 申请正式设立民办学校的,审批机关应当自受理之日起三个月内以书面形式作出是否批准的决定,并送达申请人;其中申请正式设立民办高等学校的,审批机关也可以自受理之日起六个月内以书面形式作出是否批准的决定,并送达申请人。

**第十八条** 审批机关对批准正式设立的民办学校发给办学许可证。

审批机关对不批准正式设立的,应当说明理由。

**第十九条** 民办学校的举办者可以自主选择设立非营利性或者营利性民办学校。但是,不得设立实施义务教育的营利性民办学校。

非营利性民办学校的举办者不得取得办学收益,学校的办学结余全部用于办学。

营利性民办学校的举办者可以取得办学收益,学校的办学结余依照公司法等有关法律、行政法规的规定处理。

民办学校取得办学许可证后,进行法人登记,登记机关应当依法予以办理。

## 第三章　学校的组织与活动

**第二十条**　民办学校应当设立学校理事会、董事会或者其他形式的决策机构并建立相应的监督机制。

民办学校的举办者根据学校章程规定的权限和程序参与学校的办学和管理。

**第二十一条**　学校理事会或者董事会由举办者或者其代表、校长、教职工代表等人员组成。其中三分之一以上的理事或者董事应当具有五年以上教育教学经验。

学校理事会或者董事会由五人以上组成，设理事长或者董事长一人。理事长、理事或者董事长、董事名单报审批机关备案。

**第二十二条**　学校理事会或者董事会行使下列职权：

（一）聘任和解聘校长；

（二）修改学校章程和制定学校的规章制度；

（三）制定发展规划，批准年度工作计划；

（四）筹集办学经费，审核预算、决算；

（五）决定教职工的编制定额和工资标准；

（六）决定学校的分立、合并、终止；

（七）决定其他重大事项。

其他形式决策机构的职权参照本条规定执行。

**第二十三条**　民办学校的法定代表人由理事长、董事长或者校长担任。

**第二十四条**　民办学校参照同级同类公办学校校长任职的条件聘任校长，年龄可以适当放宽。

**第二十五条**　民办学校校长负责学校的教育教学和行政管理工作，行使下列职权：

（一）执行学校理事会、董事会或者其他形式决策机构的决定；

（二）实施发展规划，拟订年度工作计划、财务预算和学校规章制度；

（三）聘任和解聘学校工作人员，实施奖惩；

（四）组织教育教学、科学研究活动，保证教育教学质量；

（五）负责学校日常管理工作；

（六）学校理事会、董事会或者其他形式决策机构的其他授权。

**第二十六条** 民办学校对招收的学生，根据其类别、修业年限、学业成绩，可以根据国家有关规定发给学历证书、结业证书或者培训合格证书。

对接受职业技能培训的学生，经备案的职业技能鉴定机构鉴定合格的，可以发给国家职业资格证书。

**第二十七条** 民办学校依法通过以教师为主体的教职工代表大会等形式，保障教职工参与民主管理和监督。

民办学校的教师和其他工作人员，有权依照工会法，建立工会组织，维护其合法权益。

## 第四章 教师与受教育者

**第二十八条** 民办学校的教师、受教育者与公办学校的教师、受教育者具有同等的法律地位。

**第二十九条** 民办学校聘任的教师，应当具有国家规定的任教资格。

**第三十条** 民办学校应当对教师进行思想品德教育和业务培训。

**第三十一条** 民办学校应当依法保障教职工的工资、福利待遇和其他合法权益，并为教职工缴纳社会保险费。

国家鼓励民办学校按照国家规定为教职工办理补充养老保险。

**第三十二条** 民办学校教职工在业务培训、职务聘任、教龄和工龄计算、表彰奖励、社会活动等方面依法享有与公办学校教职工同等权利。

**第三十三条** 民办学校依法保障受教育者的合法权益。

民办学校按照国家规定建立学籍管理制度，对受教育者实施奖励或者处分。

**第三十四条** 民办学校的受教育者在升学、就业、社会优待以及参加先进评选等方面享有与同级同类公办学校的受教育者同等权利。

## 第五章 学校资产与财务管理

**第三十五条** 民办学校应当依法建立财务、会计制度和资产管理制度，并按照国家有关规定设置会计账簿。

**第三十六条** 民办学校对举办者投入民办学校的资产、国有资产、受赠的财产以及办学积累，享有法人财产权。

**第三十七条** 民办学校存续期间，所有资产由民办学校依法管理和使用，任何组织和个人不得侵占。

任何组织和个人都不得违反法律、法规向民办教育机构收取任何费用。

**第三十八条** 民办学校收取费用的项目和标准根据办学成本、市场需求等因素确定，向社会公示，并接受有关主管部门的监督。

非营利性民办学校收费的具体办法，由省、自治区、直辖市人民政府制定；营利性民办学校的收费标准，实行市场调节，由学校自主决定。

民办学校收取的费用应当主要用于教育教学活动、改善办学条件和保障教职工待遇。

**第三十九条** 民办学校资产的使用和财务管理受审批机关和其他有关部门的监督。

民办学校应当在每个会计年度结束时制作财务会计报告，委托会计师事务所依法进行审计，并公布审计结果。

## 第六章 管理与监督

**第四十条** 教育行政部门及有关部门应当对民办学校的教育教学工作、教师培训工作进行指导。

**第四十一条** 教育行政部门及有关部门依法对民办学校实行督

导，建立民办学校信息公示和信用档案制度，促进提高办学质量；组织或者委托社会中介组织评估办学水平和教育质量，并将评估结果向社会公布。

**第四十二条** 民办学校的招生简章和广告，应当报审批机关备案。

**第四十三条** 民办学校侵犯受教育者的合法权益，受教育者及其亲属有权向教育行政部门和其他有关部门申诉，有关部门应当及时予以处理。

**第四十四条** 国家支持和鼓励社会中介组织为民办学校提供服务。

## 第七章 扶持与奖励

**第四十五条** 县级以上各级人民政府可以设立专项资金，用于资助民办学校的发展，奖励和表彰有突出贡献的集体和个人。

**第四十六条** 县级以上各级人民政府可以采取购买服务、助学贷款、奖助学金和出租、转让闲置的国有资产等措施对民办学校予以扶持；对非营利性民办学校还可以采取政府补贴、基金奖励、捐资激励等扶持措施。

**第四十七条** 民办学校享受国家规定的税收优惠政策；其中，非营利性民办学校享受与公办学校同等的税收优惠政策。

**第四十八条** 民办学校依照国家有关法律、法规，可以接受公民、法人或者其他组织的捐赠。

国家对向民办学校捐赠财产的公民、法人或者其他组织按照有关规定给予税收优惠，并予以表彰。

**第四十九条** 国家鼓励金融机构运用信贷手段，支持民办教育事业的发展。

**第五十条** 人民政府委托民办学校承担义务教育任务，应当按照委托协议拨付相应的教育经费。

**第五十一条** 新建、扩建非营利性民办学校，人民政府应当按照与公办学校同等原则，以划拨等方式给予用地优惠。新建、扩建营利性民办学校，人民政府应当按照国家规定供给土地。

教育用地不得用于其他用途。

**第五十二条** 国家采取措施，支持和鼓励社会组织和个人到少数民族地区、边远贫困地区举办民办学校，发展教育事业。

## 第八章 变更与终止

**第五十三条** 民办学校的分立、合并，在进行财务清算后，由学校理事会或者董事会报审批机关批准。

申请分立、合并民办学校的，审批机关应当自受理之日起三个月内以书面形式答复；其中申请分立、合并民办高等学校的，审批机关也可以自受理之日起六个月内以书面形式答复。

**第五十四条** 民办学校举办者的变更，须由举办者提出，在进行财务清算后，经学校理事会或者董事会同意，报审批机关核准。

**第五十五条** 民办学校名称、层次、类别的变更，由学校理事会或者董事会报审批机关批准。

申请变更为其他民办学校，审批机关应当自受理之日起三个月内以书面形式答复；其中申请变更为民办高等学校的，审批机关也可以自受理之日起六个月内以书面形式答复。

**第五十六条** 民办学校有下列情形之一的，应当终止：

（一）根据学校章程规定要求终止，并经审批机关批准的；

（二）被吊销办学许可证的；

（三）因资不抵债无法继续办学的。

**第五十七条** 民办学校终止时，应当妥善安置在校学生。实施义务教育的民办学校终止时，审批机关应当协助学校安排学生继续就学。

**第五十八条** 民办学校终止时，应当依法进行财务清算。

民办学校自己要求终止的，由民办学校组织清算；被审批机关依法撤销的，由审批机关组织清算；因资不抵债无法继续办学而被终止的，由人民法院组织清算。

**第五十九条** 对民办学校的财产按照下列顺序清偿：

（一）应退受教育者学费、杂费和其他费用；

（二）应发教职工的工资及应缴纳的社会保险费用；

（三）偿还其他债务。

非营利性民办学校清偿上述债务后的剩余财产继续用于其他非营利性学校办学；营利性民办学校清偿上述债务后的剩余财产，依照公司法的有关规定处理。

**第六十条** 终止的民办学校，由审批机关收回办学许可证和销毁印章，并注销登记。

## 第九章 法律责任

**第六十一条** 民办学校在教育活动中违反教育法、教师法规定的，依照教育法、教师法的有关规定给予处罚。

**第六十二条** 民办学校有下列行为之一的，由县级以上人民政府教育行政部门、人力资源社会保障行政部门或者其他有关部门责令限期改正，并予以警告；有违法所得的，退还所收费用后没收违法所得；情节严重的，责令停止招生、吊销办学许可证；构成犯罪的，依法追究刑事责任：

（一）擅自分立、合并民办学校的；

（二）擅自改变民办学校名称、层次、类别和举办者的；

（三）发布虚假招生简章或者广告，骗取钱财的；

（四）非法颁发或者伪造学历证书、结业证书、培训证书、职业资格证书的；

（五）管理混乱严重影响教育教学，产生恶劣社会影响的；

（六）提交虚假证明文件或者采取其他欺诈手段隐瞒重要事实骗取办学许可证的；

（七）伪造、变造、买卖、出租、出借办学许可证的；

（八）恶意终止办学、抽逃资金或者挪用办学经费的。

**第六十三条** 县级以上人民政府教育行政部门、人力资源社会保障行政部门或者其他有关部门有下列行为之一的，由上级机关责令其改正；情节严重的，对直接负责的主管人员和其他直接责任人员，依法给予处分；造成经济损失的，依法承担赔偿责任；构成犯罪的，依法追究刑事责任：

（一）已受理设立申请，逾期不予答复的；

（二）批准不符合本法规定条件申请的；

（三）疏于管理，造成严重后果的；

（四）违反国家有关规定收取费用的；

（五）侵犯民办学校合法权益的；

（六）其他滥用职权、徇私舞弊的。

**第六十四条** 违反国家有关规定擅自举办民办学校的，由所在地县级以上地方人民政府教育行政部门或者人力资源社会保障行政部门会同同级公安、民政或者市场监督管理等有关部门责令停止办学、退还所收费用，并对举办者处违法所得一倍以上五倍以下罚款；构成违反治安管理行为的，由公安机关依法给予治安管理处罚；构成犯罪的，依法追究刑事责任。

## 第十章 附 则

**第六十五条** 本法所称的民办学校包括依法举办的其他民办教育机构。

本法所称的校长包括其他民办教育机构的主要行政负责人。

**第六十六条** 境外的组织和个人在中国境内合作办学的办法，由国务院规定。

**第六十七条** 本法自 2003 年 9 月 1 日起施行。1997 年 7 月 31 日国务院颁布的《社会力量办学条例》同时废止。

# 中华人民共和国职业教育法

（1996年5月15日第八届全国人民代表大会常务委员会第十九次会议通过 2022年4月20日第十三届全国人民代表大会常务委员会第三十四次会议修订 2022年4月20日中华人民共和国主席令第112号公布 自2022年5月1日起施行）

## 目 录

第一章 总 则

第二章 职业教育体系

第三章 职业教育的实施

第四章 职业学校和职业培训机构

第五章 职业教育的教师与受教育者

第六章 职业教育的保障

第七章 法律责任

第八章 附 则

## 第一章 总 则

**第一条** 为了推动职业教育高质量发展，提高劳动者素质和技术技能水平，促进就业创业，建设教育强国、人力资源强国和技能型社会，推进社会主义现代化建设，根据宪法，制定本法。

**第二条** 本法所称职业教育，是指为了培养高素质技术技能人才，使受教育者具备从事某种职业或者实现职业发展所需要的职业道德、科学文化与专业知识、技术技能等职业综合素质和行动能力而实施的教育，包括职业学校教育和职业培训。

机关、事业单位对其工作人员实施的专门培训由法律、行政法规另行规定。

**第三条** 职业教育是与普通教育具有同等重要地位的教育类型，是国民教育体系和人力资源开发的重要组成部分，是培养多样化人才、传承技术技能、促进就业创业的重要途径。

国家大力发展职业教育，推进职业教育改革，提高职业教育质量，增强职业教育适应性，建立健全适应社会主义市场经济和社会发展需要、符合技术技能人才成长规律的职业教育制度体系，为全面建设社会主义现代化国家提供有力人才和技能支撑。

**第四条** 职业教育必须坚持中国共产党的领导，坚持社会主义办学方向，贯彻国家的教育方针，坚持立德树人、德技并修，坚持产教融合、校企合作，坚持面向市场、促进就业，坚持面向实践、强化能力，坚持面向人人、因材施教。

实施职业教育应当弘扬社会主义核心价值观，对受教育者进行思想政治教育和职业道德教育，培育劳模精神、劳动精神、工匠精神，传授科学文化与专业知识，培养技术技能，进行职业指导，全面提高受教育者的素质。

**第五条** 公民有依法接受职业教育的权利。

**第六条** 职业教育实行政府统筹、分级管理、地方为主、行业指导、校企合作、社会参与。

**第七条** 各级人民政府应当将发展职业教育纳入国民经济和社会发展规划，与促进就业创业和推动发展方式转变、产业结构调整、技术优化升级等整体部署、统筹实施。

**第八条** 国务院建立职业教育工作协调机制，统筹协调全国职业教育工作。

国务院教育行政部门负责职业教育工作的统筹规划、综合协调、宏观管理。国务院教育行政部门、人力资源社会保障行政部门和其他有关部门在国务院规定的职责范围内，分别负责有关的职业教育工作。

省、自治区、直辖市人民政府应当加强对本行政区域内职业教育工作的领导,明确设区的市、县级人民政府职业教育具体工作职责,统筹协调职业教育发展,组织开展督导评估。

县级以上地方人民政府有关部门应当加强沟通配合,共同推进职业教育工作。

**第九条** 国家鼓励发展多种层次和形式的职业教育,推进多元办学,支持社会力量广泛、平等参与职业教育。

国家发挥企业的重要办学主体作用,推动企业深度参与职业教育,鼓励企业举办高质量职业教育。

有关行业主管部门、工会和中华职业教育社等群团组织、行业组织、企业、事业单位等应当依法履行实施职业教育的义务,参与、支持或者开展职业教育。

**第十条** 国家采取措施,大力发展技工教育,全面提高产业工人素质。

国家采取措施,支持举办面向农村的职业教育,组织开展农业技能培训、返乡创业就业培训和职业技能培训,培养高素质乡村振兴人才。

国家采取措施,扶持革命老区、民族地区、边远地区、欠发达地区职业教育的发展。

国家采取措施,组织各类转岗、再就业、失业人员以及特殊人群等接受各种形式的职业教育,扶持残疾人职业教育的发展。

国家保障妇女平等接受职业教育的权利。

**第十一条** 实施职业教育应当根据经济社会发展需要,结合职业分类、职业标准、职业发展需求,制定教育标准或者培训方案,实行学历证书及其他学业证书、培训证书、职业资格证书和职业技能等级证书制度。

国家实行劳动者在就业前或者上岗前接受必要的职业教育的制度。

**第十二条** 国家采取措施,提高技术技能人才的社会地位和待遇,弘扬劳动光荣、技能宝贵、创造伟大的时代风尚。

国家对在职业教育工作中做出显著成绩的单位和个人按照有关规定给予表彰、奖励。

每年 5 月的第二周为职业教育活动周。

**第十三条** 国家鼓励职业教育领域的对外交流与合作，支持引进境外优质资源发展职业教育，鼓励有条件的职业教育机构赴境外办学，支持开展多种形式的职业教育学习成果互认。

## 第二章 职业教育体系

**第十四条** 国家建立健全适应经济社会发展需要，产教深度融合，职业学校教育和职业培训并重，职业教育与普通教育相互融通，不同层次职业教育有效贯通，服务全民终身学习的现代职业教育体系。

国家优化教育结构，科学配置教育资源，在义务教育后的不同阶段因地制宜、统筹推进职业教育与普通教育协调发展。

**第十五条** 职业学校教育分为中等职业学校教育、高等职业学校教育。

中等职业学校教育由高级中等教育层次的中等职业学校（含技工学校）实施。

高等职业学校教育由专科、本科及以上教育层次的高等职业学校和普通高等学校实施。根据高等职业学校设置制度规定，将符合条件的技师学院纳入高等职业学校序列。

其他学校、教育机构或者符合条件的企业、行业组织按照教育行政部门的统筹规划，可以实施相应层次的职业学校教育或者提供纳入人才培养方案的学分课程。

**第十六条** 职业培训包括就业前培训、在职培训、再就业培训及其他职业性培训，可以根据实际情况分级分类实施。

职业培训可以由相应的职业培训机构、职业学校实施。

其他学校或者教育机构以及企业、社会组织可以根据办学能力、社会需求，依法开展面向社会的、多种形式的职业培训。

**第十七条** 国家建立健全各级各类学校教育与职业培训学分、资历以及其他学习成果的认证、积累和转换机制，推进职业教育国家学分银行建设，促进职业教育与普通教育的学习成果融通、互认。

军队职业技能等级纳入国家职业资格认证和职业技能等级评价体系。

**第十八条** 残疾人职业教育除由残疾人教育机构实施外，各级各类职业学校和职业培训机构及其他教育机构应当按照国家有关规定接纳残疾学生，并加强无障碍环境建设，为残疾学生学习、生活提供必要的帮助和便利。

国家采取措施，支持残疾人教育机构、职业学校、职业培训机构及其他教育机构开展或者联合开展残疾人职业教育。

从事残疾人职业教育的特殊教育教师按照规定享受特殊教育津贴。

**第十九条** 县级以上人民政府教育行政部门应当鼓励和支持普通中小学、普通高等学校，根据实际需要增加职业教育相关教学内容，进行职业启蒙、职业认知、职业体验，开展职业规划指导、劳动教育，并组织、引导职业学校、职业培训机构、企业和行业组织等提供条件和支持。

## 第三章 职业教育的实施

**第二十条** 国务院教育行政部门会同有关部门根据经济社会发展需要和职业教育特点，组织制定、修订职业教育专业目录，完善职业教育教学等标准，宏观管理指导职业学校教材建设。

**第二十一条** 县级以上地方人民政府应当举办或者参与举办发挥骨干和示范作用的职业学校、职业培训机构，对社会力量依法举办的职业学校和职业培训机构给予指导和扶持。

国家根据产业布局和行业发展需要，采取措施，大力发展先进制造等产业需要的新兴专业，支持高水平职业学校、专业建设。

国家采取措施，加快培养托育、护理、康养、家政等方面技术技能人才。

第二十二条 县级人民政府可以根据县域经济社会发展的需要，设立职业教育中心学校，开展多种形式的职业教育，实施实用技术培训。

教育行政部门可以委托职业教育中心学校承担教育教学指导、教育质量评价、教师培训等职业教育公共管理和服务工作。

第二十三条 行业主管部门按照行业、产业人才需求加强对职业教育的指导，定期发布人才需求信息。

行业主管部门、工会和中华职业教育社等群团组织、行业组织可以根据需要，参与制定职业教育专业目录和相关职业教育标准，开展人才需求预测、职业生涯发展研究及信息咨询，培育供需匹配的产教融合服务组织，举办或者联合举办职业学校、职业培训机构，组织、协调、指导相关企业、事业单位、社会组织举办职业学校、职业培训机构。

第二十四条 企业应当根据本单位实际，有计划地对本单位的职工和准备招用的人员实施职业教育，并可以设置专职或者兼职实施职业教育的岗位。

企业应当按照国家有关规定实行培训上岗制度。企业招用的从事技术工种的劳动者，上岗前必须进行安全生产教育和技术培训；招用的从事涉及公共安全、人身健康、生命财产安全等特定职业（工种）的劳动者，必须经过培训并依法取得职业资格或者特种作业资格。

企业开展职业教育的情况应当纳入企业社会责任报告。

第二十五条 企业可以利用资本、技术、知识、设施、设备、场地和管理等要素，举办或者联合举办职业学校、职业培训机构。

第二十六条 国家鼓励、指导、支持企业和其他社会力量依法举办职业学校、职业培训机构。

地方各级人民政府采取购买服务，向学生提供助学贷款、奖助学金等措施，对企业和其他社会力量依法举办的职业学校和职业培训机构予以扶持；对其中的非营利性职业学校和职业培训机构还可以采取政府补贴、基金奖励、捐资激励等扶持措施，参照同级同类公办学校生均经费等相关经费标准和支持政策给予适当补助。

第二十七条　对深度参与产教融合、校企合作，在提升技术技能人才培养质量、促进就业中发挥重要主体作用的企业，按照规定给予奖励；对符合条件认定为产教融合型企业的，按照规定给予金融、财政、土地等支持，落实教育费附加、地方教育附加减免及其他税费优惠。

第二十八条　联合举办职业学校、职业培训机构的，举办者应当签订联合办学协议，约定各方权利义务。

地方各级人民政府及行业主管部门支持社会力量依法参与联合办学，举办多种形式的职业学校、职业培训机构。

行业主管部门、工会等群团组织、行业组织、企业、事业单位等委托学校、职业培训机构实施职业教育的，应当签订委托合同。

第二十九条　县级以上人民政府应当加强职业教育实习实训基地建设，组织行业主管部门、工会等群团组织、行业组织、企业等根据区域或者行业职业教育的需要建设高水平、专业化、开放共享的产教融合实习实训基地，为职业学校、职业培训机构开展实习实训和企业开展培训提供条件和支持。

第三十条　国家推行中国特色学徒制，引导企业按照岗位总量的一定比例设立学徒岗位，鼓励和支持有技术技能人才培养能力的企业特别是产教融合型企业与职业学校、职业培训机构开展合作，对新招用职工、在岗职工和转岗职工进行学徒培训，或者与职业学校联合招收学生，以工学结合的方式进行学徒培养。有关企业可以按照规定享受补贴。

企业与职业学校联合招收学生，以工学结合的方式进行学徒培养的，应当签订学徒培养协议。

第三十一条　国家鼓励行业组织、企业等参与职业教育专业教材开发，将新技术、新工艺、新理念纳入职业学校教材，并可以通过活页式教材等多种方式进行动态更新；支持运用信息技术和其他现代化教学方式，开发职业教育网络课程等学习资源，创新教学方式和学校管理方式，推动职业教育信息化建设与融合应用。

第三十二条　国家通过组织开展职业技能竞赛等活动，为技术技能人才提供展示技能、切磋技艺的平台，持续培养更多高素质技术技能人才、能工巧匠和大国工匠。

## 第四章　职业学校和职业培训机构

**第三十三条**　职业学校的设立，应当符合下列基本条件：

（一）有组织机构和章程；

（二）有合格的教师和管理人员；

（三）有与所实施职业教育相适应、符合规定标准和安全要求的教学及实习实训场所、设施、设备以及课程体系、教育教学资源等；

（四）有必备的办学资金和与办学规模相适应的稳定经费来源。

设立中等职业学校，由县级以上地方人民政府或者有关部门按照规定的权限审批；设立实施专科层次教育的高等职业学校，由省、自治区、直辖市人民政府审批，报国务院教育行政部门备案；设立实施本科及以上层次教育的高等职业学校，由国务院教育行政部门审批。

专科层次高等职业学校设置的培养高端技术技能人才的部分专业，符合产教深度融合、办学特色鲜明、培养质量较高等条件的，经国务院教育行政部门审批，可以实施本科层次的职业教育。

**第三十四条**　职业培训机构的设立，应当符合下列基本条件：

（一）有组织机构和管理制度；

（二）有与培训任务相适应的课程体系、教师或者其他授课人员、管理人员；

（三）有与培训任务相适应、符合安全要求的场所、设施、设备；

（四）有相应的经费。

职业培训机构的设立、变更和终止，按照国家有关规定执行。

**第三十五条** 公办职业学校实行中国共产党职业学校基层组织领导的校长负责制，中国共产党职业学校基层组织按照中国共产党章程和有关规定，全面领导学校工作，支持校长独立负责地行使职权。民办职业学校依法健全决策机制，强化学校的中国共产党基层组织政治功能，保证其在学校重大事项决策、监督、执行各环节有效发挥作用。

校长全面负责本学校教学、科学研究和其他行政管理工作。校长通过校长办公会或者校务会议行使职权，依法接受监督。

职业学校可以通过咨询、协商等多种形式，听取行业组织、企业、学校毕业生等方面代表的意见，发挥其参与学校建设、支持学校发展的作用。

**第三十六条** 职业学校应当依法办学，依据章程自主管理。

职业学校在办学中可以开展下列活动：

（一）根据产业需求，依法自主设置专业；

（二）基于职业教育标准制定人才培养方案，依法自主选用或者编写专业课程教材；

（三）根据培养技术技能人才的需要，自主设置学习制度，安排教学过程；

（四）在基本学制基础上，适当调整修业年限，实行弹性学习制度；

（五）依法自主选聘专业课教师。

**第三十七条** 国家建立符合职业教育特点的考试招生制度。

中等职业学校可以按照国家有关规定，在有关专业实行与高等职业学校教育的贯通招生和培养。

高等职业学校可以按照国家有关规定，采取文化素质与职业技能相结合的考核方式招收学生；对有突出贡献的技术技能人才，经考核合格，可以破格录取。

省级以上人民政府教育行政部门会同同级人民政府有关部门建

立职业教育统一招生平台，汇总发布实施职业教育的学校及其专业设置、招生情况等信息，提供查询、报考等服务。

第三十八条　职业学校应当加强校风学风、师德师风建设，营造良好学习环境，保证教育教学质量。

第三十九条　职业学校应当建立健全就业创业促进机制，采取多种形式为学生提供职业规划、职业体验、求职指导等就业创业服务，增强学生就业创业能力。

第四十条　职业学校、职业培训机构实施职业教育应当注重产教融合，实行校企合作。

职业学校、职业培训机构可以通过与行业组织、企业、事业单位等共同举办职业教育机构、组建职业教育集团、开展订单培养等多种形式进行合作。

国家鼓励职业学校在招生就业、人才培养方案制定、师资队伍建设、专业规划、课程设置、教材开发、教学设计、教学实施、质量评价、科学研究、技术服务、科技成果转化以及技术技能创新平台、专业化技术转移机构、实习实训基地建设等方面，与相关行业组织、企业、事业单位等建立合作机制。开展合作的，应当签订协议，明确双方权利义务。

第四十一条　职业学校、职业培训机构开展校企合作、提供社会服务或者以实习实训为目的举办企业、开展经营活动取得的收入用于改善办学条件；收入的一定比例可以用于支付教师、企业专家、外聘人员和受教育者的劳动报酬，也可以作为绩效工资来源，符合国家规定的可以不受绩效工资总量限制。

职业学校、职业培训机构实施前款规定的活动，符合国家有关规定的，享受相关税费优惠政策。

第四十二条　职业学校按照规定的收费标准和办法，收取学费和其他必要费用；符合国家规定条件的，应当予以减免；不得以介绍工作、安排实习实训等名义违法收取费用。

职业培训机构、职业学校面向社会开展培训的，按照国家有关规定收取费用。

**第四十三条** 职业学校、职业培训机构应当建立健全教育质量评价制度，吸纳行业组织、企业等参与评价，并及时公开相关信息，接受教育督导和社会监督。

县级以上人民政府教育行政部门应当会同有关部门、行业组织建立符合职业教育特点的质量评价体系，组织或者委托行业组织、企业和第三方专业机构，对职业学校的办学质量进行评估，并将评估结果及时公开。

职业教育质量评价应当突出就业导向，把受教育者的职业道德、技术技能水平、就业质量作为重要指标，引导职业学校培养高素质技术技能人才。

有关部门应当按照各自职责，加强对职业学校、职业培训机构的监督管理。

## 第五章 职业教育的教师与受教育者

**第四十四条** 国家保障职业教育教师的权利，提高其专业素质与社会地位。

县级以上人民政府及其有关部门应当将职业教育教师的培养培训工作纳入教师队伍建设规划，保证职业教育教师队伍适应职业教育发展的需要。

**第四十五条** 国家建立健全职业教育教师培养培训体系。

各级人民政府应当采取措施，加强职业教育教师专业化培养培训，鼓励设立专门的职业教育师范院校，支持高等学校设立相关专业，培养职业教育教师；鼓励行业组织、企业共同参与职业教育教师培养培训。

产教融合型企业、规模以上企业应当安排一定比例的岗位，接纳职业学校、职业培训机构教师实践。

**第四十六条** 国家建立健全符合职业教育特点和发展要求的职业学校教师岗位设置和职务（职称）评聘制度。

职业学校的专业课教师（含实习指导教师）应当具有一定年限的相应工作经历或者实践经验，达到相应的技术技能水平。

具备条件的企业、事业单位经营管理和专业技术人员，以及其他有专业知识或者特殊技能的人员，经教育教学能力培训合格的，可以担任职业学校的专职或者兼职专业课教师；取得教师资格的，可以根据其技术职称聘任为相应的教师职务。取得职业学校专业课教师资格可以视情况降低学历要求。

**第四十七条** 国家鼓励职业学校聘请技能大师、劳动模范、能工巧匠、非物质文化遗产代表性传承人等高技能人才，通过担任专职或者兼职专业课教师、设立工作室等方式，参与人才培养、技术开发、技能传承等工作。

**第四十八条** 国家制定职业学校教职工配备基本标准。省、自治区、直辖市应当根据基本标准，制定本地区职业学校教职工配备标准。

县级以上地方人民政府应当根据教职工配备标准、办学规模等，确定公办职业学校教职工人员规模，其中一定比例可以用于支持职业学校面向社会公开招聘专业技术人员、技能人才担任专职或者兼职教师。

**第四十九条** 职业学校学生应当遵守法律、法规和学生行为规范，养成良好的职业道德、职业精神和行为习惯，努力学习，完成规定的学习任务，按照要求参加实习实训，掌握技术技能。

职业学校学生的合法权益，受法律保护。

**第五十条** 国家鼓励企业、事业单位安排实习岗位，接纳职业学校和职业培训机构的学生实习。接纳实习的单位应当保障学生在实习期间按照规定享受休息休假、获得劳动安全卫生保护、参加相关保险、接受职业技能指导等权利；对上岗实习的，应当签订实习协议，给予适当的劳动报酬。

职业学校和职业培训机构应当加强对实习实训学生的指导，加强安全生产教育，协商实习单位安排与学生所学专业相匹配的岗位，明确实习实训内容和标准,不得安排学生从事与所学专业无关的实习实训,不得违反相关规定通过人力资源服务机构、劳务派遣单位,或者通过非法从事人力资源服务、劳务派遣业务的单位或个人组织、安排、管理学生实习实训。

第五十一条 接受职业学校教育,达到相应学业要求,经学校考核合格的,取得相应的学业证书;接受职业培训,经职业培训机构或者职业学校考核合格的,取得相应的培训证书;经符合国家规定的专门机构考核合格的,取得相应的职业资格证书或者职业技能等级证书。

学业证书、培训证书、职业资格证书和职业技能等级证书,按照国家有关规定,作为受教育者从业的凭证。

接受职业培训取得的职业技能等级证书、培训证书等学习成果,经职业学校认定,可以转化为相应的学历教育学分;达到相应职业学校学业要求的,可以取得相应的学业证书。

接受高等职业学校教育,学业水平达到国家规定的学位标准的,可以依法申请相应学位。

第五十二条 国家建立对职业学校学生的奖励和资助制度,对特别优秀的学生进行奖励,对经济困难的学生提供资助,并向艰苦、特殊行业等专业学生适当倾斜。国家根据经济社会发展情况适时调整奖励和资助标准。

国家支持企业、事业单位、社会组织及公民个人按照国家有关规定设立职业教育奖学金、助学金,奖励优秀学生,资助经济困难的学生。

职业学校应当按照国家有关规定从事业收入或者学费收入中提取一定比例资金,用于奖励和资助学生。

省、自治区、直辖市人民政府有关部门应当完善职业学校资助资金管理制度,规范资助资金管理使用。

第五十三条 职业学校学生在升学、就业、职业发展等方面与同层次普通学校学生享有平等机会。

高等职业学校和实施职业教育的普通高等学校应当在招生计划中确定相应比例或者采取单独考试办法，专门招收职业学校毕业生。

各级人民政府应当创造公平就业环境。用人单位不得设置妨碍职业学校毕业生平等就业、公平竞争的报考、录用、聘用条件。机关、事业单位、国有企业在招录、招聘技术技能岗位人员时，应当明确技术技能要求，将技术技能水平作为录用、聘用的重要条件。事业单位公开招聘中有职业技能等级要求的岗位，可以适当降低学历要求。

## 第六章 职业教育的保障

**第五十四条** 国家优化教育经费支出结构，使职业教育经费投入与职业教育发展需求相适应，鼓励通过多种渠道依法筹集发展职业教育的资金。

**第五十五条** 各级人民政府应当按照事权和支出责任相适应的原则，根据职业教育办学规模、培养成本和办学质量等落实职业教育经费，并加强预算绩效管理，提高资金使用效益。

省、自治区、直辖市人民政府应当制定本地区职业学校生均经费标准或者公用经费标准。职业学校举办者应当按照生均经费标准或者公用经费标准按时、足额拨付经费，不断改善办学条件。不得以学费、社会服务收入冲抵生均拨款。

民办职业学校举办者应当参照同层次职业学校生均经费标准，通过多种渠道筹措经费。

财政专项安排、社会捐赠指定用于职业教育的经费，任何组织和个人不得挪用、克扣。

**第五十六条** 地方各级人民政府安排地方教育附加等方面的经费，应当将其中可用于职业教育的资金统筹使用；发挥失业保险基金作用，支持职工提升职业技能。

**第五十七条** 各级人民政府加大面向农村的职业教育投入，可以将农村科学技术开发、技术推广的经费适当用于农村职业培训。

**第五十八条** 企业应当根据国务院规定的标准，按照职工工资总额一定比例提取和使用职工教育经费。职工教育经费可以用于举办职业教育机构、对本单位的职工和准备招用人员进行职业教育等合理用途，其中用于企业一线职工职业教育的经费应当达到国家规定的比例。用人单位安排职工到职业学校或者职业培训机构接受职业教育的，应当在其接受职业教育期间依法支付工资，保障相关待遇。

企业设立具备生产与教学功能的产教融合实习实训基地所发生的费用，可以参照职业学校享受相应的用地、公用事业费等优惠。

**第五十九条** 国家鼓励金融机构通过提供金融服务支持发展职业教育。

**第六十条** 国家鼓励企业、事业单位、社会组织及公民个人对职业教育捐资助学，鼓励境外的组织和个人对职业教育提供资助和捐赠。提供的资助和捐赠，必须用于职业教育。

**第六十一条** 国家鼓励和支持开展职业教育的科学技术研究、教材和教学资源开发，推进职业教育资源跨区域、跨行业、跨部门共建共享。

国家逐步建立反映职业教育特点和功能的信息统计和管理体系。

县级以上人民政府及其有关部门应当建立健全职业教育服务和保障体系，组织、引导工会等群团组织、行业组织、企业、学校等开展职业教育研究、宣传推广、人才供需对接等活动。

**第六十二条** 新闻媒体和职业教育有关方面应当积极开展职业教育公益宣传，弘扬技术技能人才成长成才典型事迹，营造人人努力成才、人人皆可成才、人人尽展其才的良好社会氛围。

## 第七章 法律责任

**第六十三条** 在职业教育活动中违反《中华人民共和国教育法》、《中华人民共和国劳动法》等有关法律规定的，依照有关法律的规定给予处罚。

第六十四条　企业未依照本法规定对本单位的职工和准备招用的人员实施职业教育、提取和使用职工教育经费的，由有关部门责令改正；拒不改正的，由县级以上人民政府收取其应当承担的职工教育经费，用于职业教育。

第六十五条　职业学校、职业培训机构在职业教育活动中违反本法规定的，由教育行政部门或者其他有关部门责令改正；教育教学质量低下或者管理混乱，造成严重后果的，责令暂停招生、限期整顿；逾期不整顿或者经整顿仍达不到要求的，吊销办学许可证或者责令停止办学。

第六十六条　接纳职业学校和职业培训机构学生实习的单位违反本法规定，侵害学生休息休假、获得劳动安全卫生保护、参加相关保险、接受职业技能指导等权利的，依法承担相应的法律责任。

职业学校、职业培训机构违反本法规定，通过人力资源服务机构、劳务派遣单位或者非法从事人力资源服务、劳务派遣业务的单位或个人组织、安排、管理学生实习实训的，由教育行政部门、人力资源社会保障行政部门或者其他有关部门责令改正，没收违法所得，并处违法所得一倍以上五倍以下的罚款；违法所得不足一万元的，按一万元计算。

对前款规定的人力资源服务机构、劳务派遣单位或者非法从事人力资源服务、劳务派遣业务的单位或个人，由人力资源社会保障行政部门或者其他有关部门责令改正，没收违法所得，并处违法所得一倍以上五倍以下的罚款；违法所得不足一万元的，按一万元计算。

第六十七条　教育行政部门、人力资源社会保障行政部门或者其他有关部门的工作人员违反本法规定，滥用职权、玩忽职守、徇私舞弊的，依法给予处分；构成犯罪的，依法追究刑事责任。

## 第八章　附　　则

第六十八条　境外的组织和个人在境内举办职业学校、职业培训机构，适用本法；法律、行政法规另有规定的，从其规定。

**第六十九条** 本法自 2022 年 5 月 1 日起施行。

# 高等学校章程制定暂行办法

（2011 年 11 月 28 日教育部令第 31 号公布　自 2012 年 1 月 1 日起施行）

## 第一章　总　则

**第一条**　为完善中国特色现代大学制度，指导和规范高等学校章程建设，促进高等学校依法治校、科学发展，依据教育法、高等教育法及其他有关规定，制定本办法。

**第二条**　国家举办的高等学校章程的起草、审议、修订以及核准、备案等，适用本办法。

**第三条**　章程是高等学校依法自主办学、实施管理和履行公共职能的基本准则。高等学校应当以章程为依据，制定内部管理制度及规范性文件、实施办学和管理活动、开展社会合作。

高等学校应当公开章程，接受举办者、教育主管部门、其他有关机关以及教师、学生、社会公众依据章程实施的监督、评估。

**第四条**　高等学校制定章程应当以中国特色社会主义理论体系为指导，以宪法、法律法规为依据，坚持社会主义办学方向，遵循高等教育规律，推进高等学校科学发展；应当促进改革创新，围绕人才培养、科学研究、服务社会、推进文化传承创新的任务，依法完善内部法人治理结构，体现和保护学校改革创新的成功经验与制度成果；应当着重完善学校自主管理、自我约束的体制、机制，反映学校的办学特色。

**第五条**　高等学校的举办者、主管教育行政部门应当按照政校分开、管办分离的原则，以章程明确界定与学校的关系，明确学校的办学方向与发展原则，落实举办者权利义务，保障学校的办学自主权。

**第六条** 章程用语应当准确、简洁、规范，条文内容应当明确、具体，具有可操作性。

章程根据内容需要，可以分编、章、节、条、款、项、目。

## 第二章 章程内容

**第七条** 章程应当按照高等教育法的规定，载明以下内容：

（一）学校的登记名称、简称、英文译名等，学校办学地点、住所地；

（二）学校的机构性质、发展定位、培养目标、办学方向；

（三）经审批机关核定的办学层次、规模；

（四）学校的主要学科门类，以及设置和调整的原则、程序；

（五）学校实施的全日制与非全日制、学历教育与非学历教育、远程教育、中外合作办学等不同教育形式的性质、目的、要求；

（六）学校的领导体制、法定代表人、组织结构、决策机制、民主管理和监督机制，内设机构的组成、职责、管理体制；

（七）学校经费的来源渠道、财产属性、使用原则和管理制度，接受捐赠的规则与办法；

（八）学校的举办者，举办者对学校进行管理或考核的方式、标准等，学校负责人的产生与任命机制，举办者的投入与保障义务；

（九）章程修改的启动、审议程序，以及章程解释权的归属；

（十）学校的分立、合并及终止事由，校徽、校歌等学校标志物、学校与相关社会组织关系等学校认为必要的事项，以及本办法规定的需要在章程中规定的重大事项。

**第八条** 章程应当按照高等教育法的规定，健全学校办学自主权的行使与监督机制，明确以下事项的基本规则、决策程序与监督机制：

（一）开展教学活动、科学研究、技术开发和社会服务；

（二）设置和调整学科、专业；

（三）制订招生方案，调节系科招生比例，确定选拔学生的条件、标准、办法和程序；

（四）制订学校规划并组织实施；

（五）设置教学、科研及行政职能部门；

（六）确定内部收入分配原则；

（七）招聘、管理和使用人才；

（八）学校财产和经费的使用与管理；

（九）其他学校可以自主决定的重大事项。

**第九条** 章程应当依照法律及其他有关规定，健全中国共产党高等学校基层委员会领导下的校长负责制的具体实施规则、实施意见，规范学校党委集体领导的议事规则、决策程序，明确支持校长独立负责地行使职权的制度规范。

章程应当明确校长作为学校法定代表人和主要行政负责人，全面负责教学、科学研究和其他管理工作的职权范围；规范校长办公会议或者校务会议的组成、职责、议事规则等内容。

**第十条** 章程应当根据学校实际与发展需要，科学设计学校的内部治理结构和组织框架，明确学校与内设机构，以及各管理层级、系统之间的职责权限，管理的程序与规则。

章程根据学校实际，可以按照有利于推进教授治学、民主管理，有利于调动基层组织积极性的原则，设置并规范学院（学部、系）、其他内设机构以及教学、科研基层组织的领导体制、管理制度。

**第十一条** 章程应当明确规定学校学术委员会、学位评定委员会以及其他学术组织的组成原则、负责人产生机制、运行规则与监督机制，保障学术组织在学校的学科建设、专业设置、学术评价、学术发展、教学科研计划方案制定、教师队伍建设等方面充分发挥咨询、审议、决策作用，维护学术活动的独立性。

章程应当明确学校学术评价和学位授予的基本规则和办法；明确尊重和保障教师、学生在教学、研究和学习方面依法享有的学术自由、探索自由，营造宽松的学术环境。

**第十二条** 章程应当明确规定教职工代表大会、学生代表大会的地位作用、职责权限、组成与负责人产生规则，以及议事程序等，维护师生员工通过教职工代表大会、学生代表大会参与学校相关事项的民主决策、实施监督的权利。

对学校根据发展需要自主设置的各类组织机构，如校务委员会、教授委员会、校友会等，章程中应明确其地位、宗旨以及基本的组织与议事规则。

**第十三条** 章程应当明确学校开展社会服务、获得社会支持、接受社会监督的原则与办法，健全社会支持和监督学校发展的长效机制。

学校根据发展需要和办学特色，自主设置有政府、行业、企事业单位以及其他社会组织代表参加的学校理事会或者董事会的，应当在章程中明确理事会或者董事会的地位作用、组成和议事规则。

**第十四条** 章程应当围绕提高质量的核心任务，明确学校保障和提高教育教学质量的原则与制度，规定学校对学科、专业、课程以及教学、科研的水平与质量进行评价、考核的基本规则，建立科学、规范的质量保障体系和评价机制。

**第十五条** 章程应当体现以人为本的办学理念，健全教师、学生权益的救济机制，突出对教师、学生权益、地位的确认与保护，明确其权利义务；明确学校受理教师、学生申诉的机构与程序。

## 第三章 章程制定程序

**第十六条** 高等学校应当按照民主、公开的原则，成立专门起草组织开展章程起草工作。

章程起草组织应当由学校党政领导、学术组织负责人、教师代表、学生代表、相关专家，以及学校举办者或者主管部门的代表组成，可以邀请社会相关方面的代表、社会知名人士、退休教职工代表、校友代表等参加。

**第十七条** 高等学校起草章程，应当深入研究、分析学校的特色与需求，总结实践经验，广泛听取政府有关部门、学校内部组织、师生员工的意见，充分反映学校举办者、管理者、办学者，以及教职员工、学生的要求与意愿，使章程起草成为学校凝聚共识、促进管理、增进和谐的过程。

**第十八条** 章程起草过程中，应当在校内公开听取意见；涉及到关系学校发展定位、办学方向、培养目标、管理体制，以及与教职工、学生切身利益相关的重大问题，应当采取多种方式，征求意见、充分论证。

**第十九条** 起草章程，涉及到与举办者权利关系的内容，高等学校应当与举办者、主管教育行政部门及其他相关部门充分沟通、协商。

**第二十条** 章程草案应提交教职工代表大会讨论。学校章程起草组织负责人，应当就章程起草情况与主要问题，向教职工代表大会做出说明。

**第二十一条** 章程草案征求意见结束后，起草组织应当将章程草案及其起草说明，以及征求意见的情况、主要问题的不同意见等，提交校长办公会议审议。

**第二十二条** 章程草案经校长办公会议讨论通过后，由学校党委会讨论审定。

章程草案经讨论审定后，应当形成章程核准稿和说明，由学校法定代表人签发，报核准机关。

## 第四章 章程核准与监督

**第二十三条** 地方政府举办的高等学校的章程由省级教育行政部门核准，其中本科以上高等学校的章程核准后，应当报教育部备案；教育部直属高等学校的章程由教育部核准；其他中央部门所属高校的章程，经主管部门同意，报教育部核准。

**第二十四条** 章程报送核准应当提交以下材料：

（一）核准申请书；

（二）章程核准稿；

（三）对章程制定程序和主要内容的说明。

**第二十五条** 核准机关应当指定专门机构依照本办法的要求，对章程核准稿的合法性、适当性、规范性以及制定程序，进行初步审查。审查通过的，提交核准机关组织的章程核准委员会评议。

章程核准委员会由核准机关、有关主管部门推荐代表，高校、社会代表以及相关领域的专家组成。

**第二十六条** 核准机关应当自收到核准申请2个月内完成初步审查。涉及对核准稿条款、文字进行修改的，核准机关应当及时与学校进行沟通，提出修改意见。

有下列情形之一的，核准机关可以提出时限，要求学校修改后，重新申请核准：

（一）违反法律、法规的；

（二）超越高等学校职权的；

（三）章程核准委员会未予通过或者提出重大修改意见的；

（四）违反本办法相关规定的；

（五）核准期间发现学校内部存在重大分歧的；

（六）有其他不宜核准情形的。

**第二十七条** 经核准机关核准的章程文本为正式文本。高等学校应当以学校名义发布章程的正式文本，并向本校和社会公开。

**第二十八条** 高等学校应当保持章程的稳定。

高等学校发生分立、合并、终止，或者名称、类别层次、办学宗旨、发展目标、举办与管理体制变化等重大事项的，可以依据章程规定的程序，对章程进行修订。

**第二十九条** 高等学校章程的修订案，应当依法报原核准机关核准。

章程修订案经核准后，高等学校应当重新发布章程。

**第三十条** 高等学校应当指定专门机构监督章程的执行情况，

依据章程审查学校内部规章制度、规范性文件，受理对违反章程的管理行为、办学活动的举报和投诉。

**第三十一条** 高等学校的主管教育行政部门对章程中自主确定的不违反法律和国家政策强制性规定的办学形式、管理办法等，应当予以认可；对高等学校履行章程情况应当进行指导、监督；对高等学校不执行章程的情况或者违反章程规定自行实施的管理行为，应当责令限期改正。

### 第五章 附 则

**第三十二条** 新设立的高等学校，由学校举办者或者其委托的筹设机构，依法制定章程，并报审批机关批准；其中新设立的国家举办的高等学校，其章程应当具备本办法规定的内容；民办高等学校和中外合作举办的高等学校，依据相关法律法规制定章程，章程内容可参照本办法的规定。

**第三十三条** 本办法自2012年1月1日起施行。

# 学位证书和学位授予信息管理办法

（2015年6月26日 学位〔2015〕18号）

### 第一章 总 则

**第一条** 为规范学位证书制发，加强学位授予信息管理，根据《中华人民共和国高等教育法》和《中华人民共和国学位条例》及其暂行实施办法，制定本办法。

**第二条** 学位证书是学位获得者达到相应学术水平的证明，由授予学位的高等学校和科学研究机构（简称"学位授予单位"）制作并颁发给学位获得者。本办法所指学位证书为博士学位证书、硕士学位证书和学士学位证书。

**第三条** 学位授予信息是学位获得者申请学位的相关信息，以及学位证书的主要信息，包括博士学位、硕士学位和学士学位授予信息。

## 第二章 学位证书制发

**第四条** 学位证书由学位授予单位自主设计、印制。

**第五条** 学位证书应包括以下内容：

（一）学位获得者姓名、性别、出生日期（与本人身份证件信息一致），近期免冠正面彩色照片（骑缝加盖学位授予单位钢印）。

（二）攻读学位的学科、专业名称（名称符合国家学科专业目录及相关设置的规定）。

（三）所授学位的学科门类或专业学位类别（按国家法定门类或专业学位类别全称填写）。

（四）学位授予单位名称，校（院、所）长签名。

（五）证书编号。统一采取十六位阿拉伯数字的编号方法。十六位数字编号的前五位为学位授予单位代码；第六位为学位授予的级别，博士为2，硕士为3，学士为4；第七至第十位为授予学位的年份（如2016年授予的学位，填2016）；后六位数为各学位授予单位自行编排的号码。

（六）发证日期（填写学位授予单位学位评定委员会批准授予学位的日期）。

**第六条** 对于撤销的学位，学位授予单位应予以公告，宣布学位证书作废。

**第七条** 学位证书遗失或损坏的，经本人申请，学位授予单位核实后可出具相应的"学位证明书"。学位证明书应注明原学位证书编号等内容。学位证明书与学位证书具有同等效力。

## 第三章 学位授予信息报送

**第八条** 学位授予信息主要包括：学位获得者个人基本信息、

学业信息、研究生学位论文信息等。信息报送内容由国务院学位委员会办公室制定。

**第九条** 学位授予单位根据国务院学位委员会办公室制定的学位授予信息数据结构和有关要求，结合本单位实际情况，确定信息收集范围，采集学位授予信息并报送省级学位主管部门。

**第十条** 省级学位主管部门汇总、审核、统计、发布本地区学位授予单位的学位授予信息并报送国务院学位委员会办公室。

**第十一条** 国务院学位委员会办公室汇总各省（自治区、直辖市）和军队系统的学位授予信息，开展学位授予信息的统计、发布。

**第十二条** 学位授予单位在做出撤销学位的决定后，应及时将有关信息报送省级学位主管部门和国务院学位委员会办公室。

**第十三条** 确需更改的学位授予信息，由学位授予单位提出申请，经省级学位主管部门审核确认后，由省级学位主管部门报送国务院学位委员会办公室进行更改。

## 第四章 管理与监督

**第十四条** 学位授予单位负责：

（一）设计、制作和颁发学位证书；

（二）收集、整理、核实和报送本单位学位授予信息，确保信息质量；

（三）将学位证书的样式及其变化情况、学位评定委员会通过的学位授予决定及名单及时报送省级学位主管部门备查。

**第十五条** 省级学位主管部门负责：

（一）本地区学位证书和学位授予信息的监督管理，查处违规行为；

（二）组织实施本地区学位授予信息的汇总、审核和报送。

（三）对本地区学位授予信息的更改进行审核确认。

**第十六条** 国务院学位委员会办公室负责：

（一）学位证书和学位授予信息的规范管理，制定有关的管理办法和工作要求，指导查处违规行为；

（二）组织开展学位授予信息报送工作；

（三）学位授予信息系统的运行管理；

（四）学位证书信息网上查询的监管。

## 第五章　附　则

**第十七条**　根据有关规定，学位授予单位印制的学位证书，不得使用国徽图案。

**第十八条**　学位证书是否制作外文副本，由学位授予单位决定。

**第十九条**　中国人民解放军系统的学位证书和学位授予信息管理，由军队学位委员会参照本办法制定具体规定。

**第二十条**　本办法自 2016 年 1 月 1 日起实行。有关规定与本办法不一致的，以本办法为准。

# 研究生导师指导行为准则

（2020 年 10 月 30 日　教研〔2020〕12 号）

导师是研究生培养的第一责任人，肩负着培养高层次创新人才的崇高使命。长期以来，广大导师贯彻党的教育方针，立德修身、严谨治学、潜心育人，为研究生教育事业发展和创新型国家建设作出了突出贡献。为进一步加强研究生导师队伍建设，规范指导行为，努力造就有理想信念、有道德情操、有扎实学识、有仁爱之心的新时代优秀导师，在《教育部关于全面落实研究生导师立德树人职责的意见》（教研〔2018〕1 号）、《新时代高校教师职业行为十项准则》基础上，制定以下准则。

一、**坚持正确思想引领**。坚持以习近平新时代中国特色社会主义思想为指导，模范践行社会主义核心价值观，强化对研究生的思想政治教育，引导研究生树立正确的世界观、人生观、价值观，增强使命感、责任感，既做学业导师又做人生导师。不得有违背党的理论和路线方针政策、违反国家法律法规、损害党和国家形象、背离社会主义核心价值观的言行。

二、科学公正参与招生。在参与招生宣传、命题阅卷、复试录取等工作中，严格遵守有关规定，公平公正，科学选才。认真完成研究生考试命题、复试、录取等各环节工作，确保录取研究生的政治素养和业务水平。不得组织或参与任何有可能损害考试招生公平公正的活动。

三、精心尽力投入指导。根据社会需求、培养条件和指导能力，合理调整自身指导研究生数量，确保足够的时间和精力提供指导，及时督促指导研究生完成课程学习、科学研究、专业实习实践和学位论文写作等任务；采用多种培养方式，激发研究生创新活力。不得对研究生的学业进程及面临的学业问题疏于监督和指导。

四、正确履行指导职责。遵循研究生教育规律和人才成长规律，因材施教；合理指导研究生学习、科研与实习实践活动；综合开题、中期考核等关键节点考核情况，提出研究生分流退出建议。不得要求研究生从事与学业、科研、社会服务无关的事务，不得违规随意拖延研究生毕业时间。

五、严格遵守学术规范。秉持科学精神，坚持严谨治学，带头维护学术尊严和科研诚信；以身作则，强化研究生学术规范训练，尊重他人劳动成果，杜绝学术不端行为，对与研究生联合署名的科研成果承担相应责任。不得有违反学术规范、损害研究生学术科研权益等行为。

六、把关学位论文质量。加强培养过程管理，按照培养方案和时间节点要求，指导研究生做好论文选题、开题、研究及撰写等工作；严格执行学位授予要求，对研究生学位论文质量严格把关。不得将不符合学术规范和质量要求的学位论文提交评审和答辩。

七、严格经费使用管理。鼓励研究生积极参与科学研究、社会实践和学术交流，按规定为研究生提供相应经费支持，确保研究生正当权益。不得以研究生名义虚报、冒领、挪用、侵占科研经费或其他费用。

**八、构建和谐师生关系**。落实立德树人根本任务，加强人文关怀，关注研究生学业、就业压力和心理健康，建立良好的师生互动机制。不得侮辱研究生人格，不得与研究生发生不正当关系。

# 学位授权点合格评估办法

（2020年11月11日 学位〔2020〕25号）

**第一条** 为保证学位与研究生教育质量，做好学位授权点合格评估工作，依据《中华人民共和国高等教育法》《中华人民共和国学位条例》及其暂行实施办法，制定本办法。

**第二条** 本办法中的学位授权点是指经国务院学位委员会审核批准的可以授予博士、硕士学位的学科和专业学位类别。

**第三条** 学位授权点合格评估遵循科学、客观、公正的原则，坚持底线思维，以研究生培养和学位授予质量为重点，学科条件保障与人才培养质量提升相统一。

**第四条** 学位授权点合格评估是我国学位授权审核制度和研究生培养管理制度的重要组成部分，分为专项合格评估和周期性合格评估。

（一）新增学位授权点获得学位授权满3年后，均应当接受专项合格评估。

（二）周期性合格评估每6年进行一轮次，每轮次评估启动时，获得学位授权满6年的学位授权点和专项合格评估结果达到合格的学位授权点，均应当接受周期性合格评估。

**第五条** 周期性合格评估分为学位授予单位自我评估和教育行

政部门抽评两个阶段，以学位授予单位自我评估为主。学位授予单位应在每轮次评估第 1 年底前确认参评学位授权点，确认名单报省级教育行政部门备案，并于第 5 年底前完成自我评估；学位授权点未确认参评或未开展自我评估的情形将作为确定周期性合格评估结果的重要依据。教育行政部门在每轮次评估第 6 年开展抽评。

第六条　博士学位授权点周期性合格评估由国务院学位委员会办公室组织实施，硕士学位授权点周期性合格评估由省级学位委员会组织实施。军队所属学位授予单位学位授权点周期性合格评估，由军队学位委员会组织实施。学位授权点周期性合格评估基本条件为启动当期评估时正在执行的学位授权点申请基本条件。

第七条　学位授予单位自我评估为诊断式评估，是对本单位学位授权点建设水平与人才培养质量的全面检查。学位授予单位应当全面检查学位授权点办学条件和培养制度建设情况，认真查找影响质量的突出问题，在自我评估期间持续做好改进工作，凝练特色。鼓励有条件的学位授予单位将自我评估与自主开展或参加的相关学科领域具有公信力的国际评估、教育质量认证等相结合。

第八条　学位授予单位自我评估基本程序

（一）根据学位授权点周期性合格评估基本条件、学位授权点自我评估工作指南，结合本单位和学位授权点实际，制定自我评估实施方案。

（二）组织学位授权点进行自我评估，应建立有学校特色的自我合格评估指标体系，对师资队伍、学科方向、人才培养数量质量和特色、科学研究、社会服务、学术交流、条件建设和制度保障等进行评价。把编制本单位《研究生教育发展质量年度报告》和《学位授权点建设年度报告》作为自我评估的重要环节之一，贯穿自我评估全过程。《研究生教育发展质量年度报告》和《学位授权点建设年度报告》经脱密处理后，应在本单位门户网站发布。

（三）根据国务院学位委员会办公室制订的数据标准，定期采集学位授权点基本状态信息，加强对本单位学位授权点质量状态的监测。

（四）组织校内外专家通过查阅材料、现场交流、实地考察等方式，对学位授权点开展评议，提出诊断式意见。专业学位授权点评议专家中，行业专家一般不少于专家人数的三分之一。

（五）根据专家评议意见，提出各学位授权点的自我评估结果，自我评估结果分为"合格"和"不合格"。作出自我评估结果所依据的标准和要求不得低于学位授权点周期性合格评估基本条件。对自我评估"不合格"的学位授权点，一般应在自评阶段结束前完成自主整改，整改后达到合格的按"合格"上报自我评估结果，达不到合格的按"不合格"上报自我评估结果。根据各学位授权点评议结果和整改情况，形成《学位授权点自我评估总结报告》。

（六）每轮周期性合格评估的第3年和第6年的3月底前，应当向国务院学位委员会办公室报送参评学位授权点截至上一年底的基本状态信息。

（七）每轮周期性合格评估第6年3月底前，向指定信息平台上传自我评估结果、自我评估总结报告、专家评议意见和改进建议，以及参评学位授权点连续5年的研究生培养方案。

**第九条** 教育行政部门抽评基本程序

（一）抽评工作的组织

抽评博士学位授权点的名单由国务院学位委员会办公室确定，委托国务院学位委员会学科评议组（以下简称学科评议组）和全国专业学位研究生教育指导委员会（以下简称专业学位教指委）组织评议。抽评名单确定后，应通知有关省级学位委员会、专家组和学位授予单位。抽评硕士学位授权点的名单及其评议由各省级学位委员会分别组织。

（二）教育行政部门在自我评估结果为"合格"的学位授权点范围内，按以下要求确定抽评学位授权点：

1. 抽评学位授权点应当覆盖所有学位授予单位；
2. 各一级学科和专业学位类别被抽评比例不低于被抽评范围的

30%，现有学位授权点数量较少的学科或专业学位类别视具体情况确定抽评比例；

3. 评估周期内有以下情形的，应加大抽评比例：

（1）发生过严重学术不端问题的学位授予单位；

（2）存在人才培养和学位授予质量方面其他问题的学位授予单位；

4. 评估周期内学位论文抽检存在问题较多的学位授权点。

（三）评议专家组成

学科评议组、专业学位教指委和省级学位委员会设立的评议专家组（以下统称专家组），是开展学位授权点评议的主要力量。每个专家组的人数应为奇数，可根据评估范围内学位授权点的学科或专业学位类别具体情况，增加同行专家参与评估。评议实行本单位专家回避制。

（四）专家组制定评议方案，确定评议的基本标准和要求，报负责抽评的教育行政部门备案，并通知受评单位。抽评的基本标准和要求不低于周期性合格评估基本条件。

（五）评议方式和评议材料。专家组应根据本办法制定议事规则。专家评议以通讯评议方式为主，也可根据需要采用会议评议方式开展。评议材料主要有《学位授权点自我评估总结报告》、学位授权点基本状态信息表、学位授予单位《研究生教育发展质量年度报告》、《学位授权点建设年度报告》、近5年研究生培养方案、自评专家评议意见和改进建议，以及专家组认为必要的其他评估材料。

（六）评议结果。每位抽评专家审议抽评材料，对照本组学位授权点周期性合格评估标准，对学位授权点提出"合格"或"不合格"的评议意见，以及具体问题和改进建议。专家组应汇总每位专家意见，按照专家组的议事规则，形成对每个学位授权点的评议结果。全体专家的1/2以上（不含1/2）评议意见为"不合格"的学位授权点，评议结果为"不合格"，其他情形为"合格"。

博士学位授权点的评议情况、评议结果及可能产生的后果、存在的主要问题和具体改进建议由学科评议组或专业学位教指委向受评单位反馈,并在规定时间内受理和处理受评单位的异议。硕士学位授权点评议的相关情况、评议结果及可能产生的后果、存在的主要问题和具体改进建议由省级学位委员会向受评单位反馈,并在规定时间内受理和处理受评单位的异议。

(七)学科评议组、专业学位教指委和省级学位委员会根据评议情况和异议处理结果,形成相应学位授权点抽评意见和处理建议,编制评估工作总结报告,向国务院学位委员会办公室报送。

(八)国务院学位委员会办公室可在抽评期间适时组织对抽评工作的专项检查。

**第十条** 异议处理

(一)学位授予单位如对具体学位授权点评议结果存有异议,应按评估方案要求,博士学位授权点向学科评议组或专业学位教指委提出申诉,硕士学位授权点向省级学位委员会提出申诉,并在规定时间内提供相关材料。

(二)博士学位授权点的异议,有关学科评议组或专业学位教指委应当会同有关省级学位委员会进行处理,组织本学科评议组或专业学位教指委成员成立专门小组进行实地考察核实,确有必要的可约请学科评议组或专业学位教指委之外的同行专家。实地考察的规程和要求由专门小组制订。硕士学位授权点由省级学位委员会组织专门小组进行实地考察核实。

(三)博士学位授权点异议处理专门小组结束考察后应向本学科评议组或专业学位教指委报告具体考察意见。

(四)学科评议组或专业学位教指委经充分评议后,形成博士学位授权点的抽评意见和处理建议。省级学位委员会根据专家组评议意见及专门小组的考察报告,审议形成硕士学位授权点的抽评意见和处理建议。

**第十一条** 国务院学位委员会办公室汇总学位授予单位自我评估结果,以及学科评议组、专业学位教指委、省级学位委员会抽评结果，进行形式审查。

对形式审查发现问题的，请有关学科评议组或专业学位教指委进行核实并补充相关材料；对审查通过的，按以下情形提出处理建议：

（一）对有如下情形之一的学位授权点，提出继续授权建议：

1. 自我评估结果为"合格"且未被抽评的学位授权点；

2. 抽评专家表决意见为"不合格"的比例不足 1/3 的学位授权点。

（二）对有如下情形之一的学位授权点，提出限期整改建议：

1. 自我评估结果为"不合格"的学位授权点；

2. 抽评专家表决意见为"不合格"的比例在 1/3（含 1/3）至 1/2（含 1/2）之间的学位授权点。

（三）对抽评专家表决意见为"不合格"的比例在 1/2（不含 1/2）以上的学位授权点，提出撤销学位授权建议。

第十二条　国务院学位委员会办公室向国务院学位委员会报告学位授权点周期性合格评估完成情况及有关学位授权点处理建议。国务院学位委员会审议有关材料，作出是否同意相关处理建议的决定。有关决定向社会公开。

第十三条　评估结果使用

（一）教育行政部门将各学位授予单位学位授权点合格评估结果作为教育行政部门监测"双一流"建设和地方高水平大学及学科建设项目的重要内容，作为研究生招生计划安排、学位授权点增列的重要依据。

（二）学位授予单位可在周期性合格评估自我评估阶段，根据自我评估情况，结合社会对人才的需求和自身发展情况，按学位授权点动态调整的有关办法申请放弃或调整部分学位授权点。学位授予单位不得在抽评阶段申请撤销周期性合格评估范围内的学位授权点。

（三）对于撤销授权的学位授权点，5 年内不得申请学位授权，其在学研究生可按原渠道培养并按有关要求授予学位。

（四）限期整改的学位授权点在规定时间内暂停招生，进行整改。整改完成后，博士学位授权点接受国务院学位委员会办公室组织的复评；硕士学位授权点接受有关省级学位委员会组织的复评。复评合格的，恢复招生；达不到合格的，经国务院学位委员会批准，撤销学位授权。根据抽评结果作限期整改处理的学位授权点，在整改期间不得申请撤销学位授权。

第十四条 专项合格评估由国务院学位委员会办公室统一组织，委托学科评议组和专业学位教指委实施。

（一）专项合格评估标准和要求不低于被评学位授权点增列时所遵循的学位授权点申请基本条件。

（二）评估结果按本办法第十一、十三条之规定进行处理，限期整改的学位授权点复评由国务院学位委员会办公室组织。

（三）未接受过合格评估（含专项合格评估和周期性合格评估）的学位授权点，正在接受专项合格评估的学位授权点，以及接受专项合格评估但评估结果未达到合格的学位授权点，不得申请撤销学位授权。

第十五条 学位授予单位应当保证自我评估材料的真实可信，评估材料存在弄虚作假的学位授权点，将被直接列为限期整改的学位授权点。

第十六条 各有关单位、组织、专家和相关工作人员应严格遵守评估纪律与廉洁规定，坚决排除非学术因素的干扰，对在评估活动中存在违纪行为的单位和个人，将依据有关纪律法规严肃处理。

第十七条 省级学位委员会、军队学位委员会和学位授予单位，可根据本办法制定相应的实施细则。

第十八条 本办法由国务院学位委员会办公室负责解释。

第十九条 本办法自发布之日起施行。国务院学位委员会、教育部2014年1月印发的《学位授权点合格评估办法》（学位〔2014〕4号）同时废止。

# 学士学位授权与授予管理办法

(2019年7月9日 学位〔2019〕20号)

## 第一章 总 则

**第一条** 为改进和加强学士学位授权与授予工作,提高学士学位授予质量,实现高等教育内涵式发展,根据《中华人民共和国高等教育法》《中华人民共和国学位条例》及其暂行实施办法,制定本办法。

**第二条** 学士学位授权与授予工作应以习近平新时代中国特色社会主义思想为指导,贯彻落实党的十九大精神和全国教育大会精神,全面落实党的教育方针和立德树人根本任务,牢牢抓住提高人才培养质量这个核心点,培养德智体美劳全面发展的社会主义建设者和接班人。

**第三条** 学士学位授权与授予工作应坚持完善制度、依法管理、保证质量、激发活力的原则。

## 第二章 学位授权

**第四条** 学士学位授权分为新增学士学位授予单位授权和新增学士学位授予专业授权。

**第五条** 普通高等学校的学士学位授权按属地原则由省(区、市)学位委员会负责审批。军队院校的学士学位授权由军队学位委员会负责审批。

**第六条** 省(区、市)学位委员会、军队学位委员会(以下简称为"省级学位委员会")应制定学士学位授权审核标准。审核标准应明确办学方向、师资队伍、基本条件、课程设置、教学方式、管理制度等要求,不低于本科院校设置标准和本科专业设置标准。

**第七条** 省级学位委员会应制定学士学位授权审核办法，完善审批程序。审核工作应加强与院校设置、专业设置等工作的衔接。

**第八条** 经教育部批准设置的普通高等学校，原则上应在招收首批本科生的当年，向省级学位委员会提出学士学位授予单位授权申请。

经教育部批准或备案的新增本科专业，学士学位授予单位原则上应在本专业招收首批本科生的当年，向省级学位委员会提出学士学位授予专业授权申请。

**第九条** 学士学位授予单位撤销的授权专业应报省级学位委员会备案。已获得学士学位授权的专业停止招生五年以上的，视为自动放弃授权，恢复招生的须按照新增本科专业重新申请学士学位授权。

**第十条** 省级学位委员会可组织具有博士学位授予权的高等学校，开展本科专业的学士学位授权自主审核工作，审核结果由省级学位委员会批准。

## 第三章 学位授予

**第十一条** 学士学位应按学科门类或专业学位类别授予。授予学士学位的学科门类应符合学位授予学科专业目录的规定。本科专业目录中规定可授多个学科门类学位的专业，学士学位授予单位应按教育部批准或备案设置专业时规定的学科门类授予学士学位。

**第十二条** 学士学位授予单位应制定本单位的学士学位授予标准，学位授予标准应落实立德树人根本任务，坚持正确育人导向，强化思想政治要求，符合《中华人民共和国学位条例》及其暂行实施办法的规定。

**第十三条** 学士学位授予单位应明确本单位的学士学位授予程序。

（一）普通高等学校授予全日制本科毕业生学士学位的程序主要是：审查是否符合学士学位授予标准，符合标准的列入学士学位授予名单，学校学位评定委员会作出是否批准的决议。学校学位评定委员会表决通过的决议和学士学位授予名单应在校内公开，并报省级学位委员会备查。

（二）普通高等学校授予高等学历继续教育本科毕业生学士学位的程序应与全日制本科毕业生相同。授予学士学位的专业应是本单位已获得学士学位授权并正在开展全日制本科生培养的专业。学校学位评定委员会办公室应会同学校教务部门提出学位课程基本要求，共同组织或委托相关省级教育考试机构组织高等学历继续教育本科毕业生学业水平测试，对通过测试的接受其学士学位申请。

（三）具有学士学位授予权的成人高等学校，授予学士学位的程序应符合本条第一款和第二款规定。

**第十四条** 具有学士学位授予权的普通高等学校，可向本校符合学位授予标准的全日制本科毕业生授予辅修学士学位。授予辅修学士学位应制定专门的实施办法，对课程要求及学位论文（或毕业设计）作出明确规定，支持学有余力的学生辅修其他本科专业。辅修学士学位应与主修学士学位归属不同的本科专业大类，对没有取得主修学士学位的不得授予辅修学士学位。辅修学士学位在主修学士学位证书中予以注明，不单独发放学位证书。

**第十五条** 具有学士学位授予权的普通高等学校，可在本校全日制本科学生中设立双学士学位复合型人才培养项目。项目必须坚持高起点、高标准、高质量，所依托的学科专业应具有博士学位授予权，且分属两个不同的学科门类。项目须由专家进行论证，应有专门的人才培养方案，经学校学位评定委员会表决通过、学校党委常委会会议研究同意，并报省级学位委员会审批通过后，通过高考招收学生。本科毕业并达到学士学位要求的，可授予双学士学位。双学士学位只发放一本学位证书，所授两个学位应在证书中予以注明。

**第十六条** 具有学士学位授予权的普通高等学校之间，可授予全日制本科毕业生联合学士学位。联合学士学位应根据校际合作办学协议，由合作高等学校共同制定联合培养项目和实施方案，报合作高等学校所在地省级学位委员会审批。联合培养项目所依托的专业应是联合培养单位具有学士学位授权的专业，通过高考招收学生并予以说明。授予联合学士学位应符合联合培养单位各自的学位授予标准，学位证书由本科生招生入学时学籍所在的学士学位授予单位颁发，联合培养单位可在证书上予以注明，不再单独发放学位证书。

**第十七条** 学士学位授予单位可按一定比例对特别优秀的学士学位获得者予以表彰，并颁发相应的荣誉证书或奖励证书。

## 第四章 管理与监督

**第十八条** 国务院学位委员会负责学士学位的宏观政策、发展指导、质量监督和信息管理等工作，完善学位授予信息系统，及时准确发布学位授予信息，为社会、学生查询提供便利。

**第十九条** 省级学位委员会负责本地区、本系统学士学位管理、监督和信息工作，科学规划，优化布局，引导、指导、督导学位授予单位服务需求、提高质量、特色发展，定期向国务院学位委员会报送学位授予信息。

**第二十条** 学士学位授予单位应完善学士学位管理的相关规章制度，建立严格的学士学位授予质量保障机制，主动公开本单位学士学位管理的相关规章制度，依法依规有序开展学位授予工作，惩处学术不端行为。严格执行《学位证书和学位授予信息管理办法》，按照招生时确定的学习形式，填写、颁发学位证书，标示具体的培养类型（普通高等学校全日制、联合培养、高等学历继续教育），并认真、准确做好学士学位证书备案、管理、公示及防伪信息报备工作，严禁信息造假、虚报、漏报，定期向省级学位委员会报送信息。

**第二十一条** 省级学位委员会应主动公开本地区、本系统学士学位相关信息，每年定期公开发布学士学位授予单位和授权专业名单。

**第二十二条** 国务院学位委员会将学士学位质量监督纳入到学位质量保障体系。省级学位委员会应建立学士学位授权与授予质量评估制度和抽检制度，原则上在学士学位授予单位完成首次学位授予后对其进行质量评估，并定期对学士学位授予单位和授权专业进行质量抽检，加强对双学士学位、辅修学士学位、联合学士学位的质量监管；建立完善高等学历继续教育学士学位授予质量监督机制；对存在质量问题的学士学位授予单位或授权专业，可采取工作约谈、停止招生、撤销授权等措施。

**第二十三条** 学士学位授予单位应建立相应的学位授予救济制度，处理申请、授予、撤销等过程中出现的异议，建立申诉复议通道，保障学生权益。

## 第五章 附 则

**第二十四条** 高等学校与境外机构合作办学授予外方学士学位的，按《中外合作办学条例》执行。

**第二十五条** 自本办法实施之日起，学位授予单位不再招收第二学士学位生。

**第二十六条** 本办法由国务院学位委员会负责解释。

# 博士硕士学位论文抽检办法

（2014年1月29日 学位〔2014〕5号）

**第一条** 为保证学位授予质量，做好博士、硕士学位论文抽检工作，制定本办法。

**第二条** 博士学位论文抽检由国务院学位委员会办公室组织实施，硕士学位论文抽检由各省级学位委员会组织实施；其中，军队系统学位论文抽检由中国人民解放军学位委员会组织实施。

**第三条** 学位论文抽检每年进行一次，抽检范围为上一学年度授予博士、硕士学位的论文，博士学位论文的抽检比例为10%左右，硕士学位论文的抽检比例为5%左右。

**第四条** 博士学位论文抽检从国家图书馆直接调取学位论文。

硕士学位论文的抽取方式，由各省级学位委员会和中国人民解放军学位委员会自行确定。

**第五条** 按照学术学位和专业学位分别制定博士学位论文评议要素和硕士学位论文评议要素。

**第六条** 每篇抽检的学位论文送 3 位同行专家进行评议，专家按照不同学位类型的要求对论文提出评议意见。

**第七条** 3 位专家中有 2 位以上（含 2 位）专家评议意见为"不合格"的学位论文，将认定为"存在问题学位论文"。

**第八条** 3 位专家中有 1 位专家评议意见为"不合格"的学位论文，将再送 2 位同行专家进行复评。2 位复评专家中有 1 位以上（含 1 位）专家评议意见为"不合格"的学位论文，将认定为"存在问题学位论文"。

**第九条** 专家评议意见由各级抽检部门向学位授予单位反馈。硕士学位论文抽检的专家评议意见还应同时报送国务院学位委员会办公室。

**第十条** 学位论文抽检专家评议意见的使用。

（一）学位论文抽检专家评议意见以适当方式公开。

（二）对连续 2 年均有"存在问题学位论文"，且比例较高或篇数较多的学位授予单位，进行质量约谈。

（三）在学位授权点合格评估中，将学位论文抽检结果作为重要指标，对"存在问题学位论文"比例较高或篇数较多的学位授权点，依据有关程序，责令限期整改。经整改仍无法达到要求者，视为不能保证所授学位的学术水平，将撤销学位授权。

（四）学位授予单位应将学位论文抽检专家评议意见，作为本单位导师招生资格确定、研究生教育资源配置的重要依据。

**第十一条** 学位论文抽检坚决排除非学术因素的干扰，任何单位和个人都不得以任何方式干扰抽检工作的正常进行，参与评议工作的专家要公正公平，独立客观地完成评议工作。

**第十二条** 本办法由国务院学位委员会办公室负责解释。

## 附录二

# 本书所涉文件目录

**法律**

| | |
|---|---|
| 2018 年 12 月 29 日 | 民办教育促进法 |
| 2018 年 12 月 29 日 | 高等教育法 |
| 2021 年 4 月 29 日 | 教育法 |
| 2022 年 4 月 20 日 | 职业教育法 |

**行政法规及文件**

| | |
|---|---|
| 1981 年 5 月 20 日 | 学位条例暂行实施办法 |
| 1995 年 12 月 12 日 | 教师资格条例 |
| 2008 年 6 月 5 日 | 国务院关于印发国家知识产权战略纲要的通知 |
| 2014 年 5 月 2 日 | 国务院关于加快发展现代职业教育的决定 |
| 2021 年 4 月 7 日 | 民办教育促进法实施条例 |

**部门规章及文件**

| | |
|---|---|
| 1991 年 6 月 12 日 | 国务院学位委员会、国家教育委员会关于整顿普通高等学校授予成人高等教育本科毕业生学士学位工作的通知 |
| 1991 年 10 月 24 日 | 国务院学位委员会关于普通高等学校授予来华留学生我国学位试行办法 |
| 2006 年 9 月 28 日 | 普通本科学校设置暂行规定 |
| 2007 年 10 月 23 日 | 关于加强学位与研究生教育信息管理工作的通知 |
| 2008 年 12 月 12 日 | 实施国家知识产权战略纲要任务分工 |
| 2010 年 3 月 29 日 | 关于授予境外人士名誉博士学位暂行规定 |

| 2011 年 11 月 28 日 | 高等学校章程制定暂行办法 |
| 2012 年 3 月 16 日 | 教育部关于全面提高高等教育质量的若干意见 |
| 2012 年 11 月 13 日 | 学位论文作假行为处理办法 |
| 2013 年 9 月 30 日 | 国务院学位委员会 教育部 国家发展改革委关于进一步加强在职人员攻读硕士专业学位和授予同等学力人员硕士、博士学位管理工作的意见 |
| 2014 年 1 月 29 日 | 博士硕士学位论文抽检办法 |
| 2014 年 1 月 29 日 | 国务院学位委员会 教育部关于加强学位与研究生教育质量保证和监督体系建设的意见 |
| 2015 年 6 月 26 日 | 学位证书和学位授予信息管理办法 |
| 2015 年 11 月 10 日 | 独立学院设置与管理办法 |
| 2016 年 6 月 16 日 | 高等学校预防与处理学术不端行为办法 |
| 2016 年 11 月 25 日 | 涉密研究生与涉密学位论文管理办法 |
| 2016 年 12 月 29 日 | 国务院关于鼓励社会力量兴办教育促进民办教育健康发展的若干意见 |
| 2017 年 2 月 4 日 | 普通高等学校学生管理规定 |
| 2018 年 7 月 4 日 | 教育部办公厅关于严厉查处高等学校学位论文买卖、代写行为的通知 |
| 2019 年 7 月 9 日 | 学士学位授权与授予管理办法 |
| 2019 年 9 月 29 日 | 教育部关于深化本科教育教学改革全面提高人才培养质量的意见 |
| 2010 年 3 月 30 日 | 教育部关于开展高等学校和工程研究院所联合培养博士研究生试点工作的通知 |
| 2020 年 9 月 25 日 | 国务院学位委员会 教育部关于进一步严格规范学位与研究生教育质量管理的若干意见 |
| 2020 年 10 月 30 日 | 研究生导师指导行为准则 |
| 2020 年 11 月 11 日 | 学位授权点合格评估办法 |

| | |
|---|---|
| 2020 年 12 月 1 日 | 博士、硕士学位授权学科和专业学位授权类别动态调整办法 |
| 2020 年 12 月 24 日 | 本科毕业论文（设计）抽检办法（试行） |
| 2021 年 1 月 21 日 | 普通高等学校本科教育教学审核评估实施方案（2021—2025 年） |
| 2021 年 11 月 17 日 | 交叉学科设置与管理办法（试行） |
| 2021 年 11 月 18 日 | 国务院学位委员会办公室关于做好本科层次职业学校学士学位授权与授予工作的意见 |
| 2023 年 11 月 24 日 | 教育部关于深入推进学术学位与专业学位研究生教育分类发展的意见 |
| 2024 年 1 月 10 日 | 博士硕士学位授权审核办法 |